元メガバンク支店長だから知っている

銀行融資の引き出し方

川居宗則
KAWAI MUNENORI

幻冬舎 MC

はじめに

新型コロナウイルスの感染拡大は、全国の中小企業に深刻な影響を与えました。帝国データバンクの新型コロナウイルスによる企業業績への影響調査（2020年度）によると、2020年度決算の企業業績は全産業（金融・保険を除く）約10万7000社のうち、減収となった企業が58・3％を占め、2019年度（40・3％）に比べ18・0ポイントも増加しました。

一方で、2020年度の倒産件数は56年ぶりに6000件割れとなっています。これは苦境に立たされた企業を救おうと、政府がコロナ関連の持続化給付金や雇用調整助成金、実質無利子・無担保・3年間返済なしの新型コロナウイルス感染症特別貸付など、資金繰り支援策を次々に打ち出したことが大きく影響しています。

これらの支援策によって中小企業経営者の多くは当面の手元資金を確保することができ、一息つくことができました。しかし今後は3年の返済猶予期間が終了し、融資の返済が本格化します。直近のインフレや円安の進行により、急速な景気回復は見込めません。

今後新たな資金調達ができなければ、返済が滞って会社の存続が危うくなる可能性もあり、多くの中小企業の経営者にとって不安材料は多いといえるでしょう。

私はメガバンクに32年間勤め、融資業務を中心に審査部門では事業再生にも携わりました。支店長を務めたのちに独立し、融資・補助金に強い専門家として中小企業の資金調達支援に当たっています。銀行の内情を隅々まで熟知した私の経験からいえば、銀行融資を引き出すにはコツがあり、それを分かったうえで準備すれば決して難しいことではありません。

そもそも銀行が融資審査でいちばん重要視しているのは、「貸したお金がきちんと返ってくるか（返済能力）」と「貸したお金が企業にどのようなメリットをもたらすのか（融資効果）」の二点です。返済能力については決算書の「ある数字」を見ていくらまでなら貸せるか、何年で返せそうかを判断します。それだけではなく、融資効果についてもその使い道を見て審査します。銀行が重視するポイントを知ったうえで決算書を整え、融資の使い道により利益がどれだけ増えるのか具体的な青写真さえ描けていれば、銀行の融資は下ります。

本書ではメガバンク支店長の経験から、銀行融資をうまく引き出すテクニックをお伝えします。この本を手掛かりとして一人でも多くの中小企業経営者が銀行融資を受け、事業の復活や再生につなげて飛躍し、さらなる成長をしていけることを願ってやみません。

［第2章］

相手の懐に入るには、まずは融資の実情を知る！

申し込みから実行までの融資審査フロー

［第3章］　融資を通すか否か、銀行はあなたの会社のここを見ている！

担当者が口には出さないチェックポイントとその対策

［第1章］

「とりあえず借りておく」「借りられるだけ借りる」は危険！経営者に必要な資金調達のリテラシー

資金調達は経営者にとって至上命題　しかし融資のハードルは高い

会社が事業を行っていくためには運転資金や設備投資など常に資金が必要です。資金調達は経営者の数ある仕事のなかで最も重要なミッションの一つですが、中小企業・小規模事業者にとっては難しい問題です。大企業や有名企業であれば出資や社債などを活用して直接お金を集める方法もありますが、知名度の低い中小企業・小規模事業者に資金援助をしてくれるところはなかなかありません。必然的に銀行融資が最も現実的な資金調達法となります。

しかし、銀行から簡単にお金を引き出せることはなく、手間暇かけて融資申し込みをしても銀行にフラれてしまうケースも多いのです。少し古いデータになりますが、２０１６年の中小企業白書では「金融機関から融資を断られた経験がある」と回答した会社は全体の15・8％です。6社に1社が「収支状況が悪い」「借入過多」「新事業の採算が見込めない」などの理由で、銀行からの資金調達に失敗しています。

公のデータにはなっていませんが、融資を受けられた会社でもスムーズに融資が実行された割合は多くないはずです。なぜなら私がメガバンク支店長だったときの取引相手は、会社の財務状況が良好で事業の将来性もあるような、銀行が喜んで貸したくなる会社ばかりではなかったためです。

過去の景気対策融資では中小企業にまで恩恵が届かず倒産が急増

中小企業にとっていつの時代も銀行融資は課題ですが、実は金融には締まるときと緩むときの波があります。これまでもリーマンショックや東日本大震災、消費税の引き上げ直後などに金融が緩むタイミングがありました。

日本や世界の経済が大きく落ち込むとき、企業への影響を小さくするために行われる積極的な融資のことを景気対策融資といいます。ただし、今までの景気対策融資では資金が大企業に向かいがちで、中小企業には回りにくい傾向がありました。

次のグラフは銀行融資の推移を示したものです。バブル経済と呼ばれた好景気（1980年代半ば〜1991年）は金融緩和によって喚起され、株価や不動産などあらゆるものの価格が急上昇しました。その反動で起きたのがバブル崩壊で、融資額は大きく

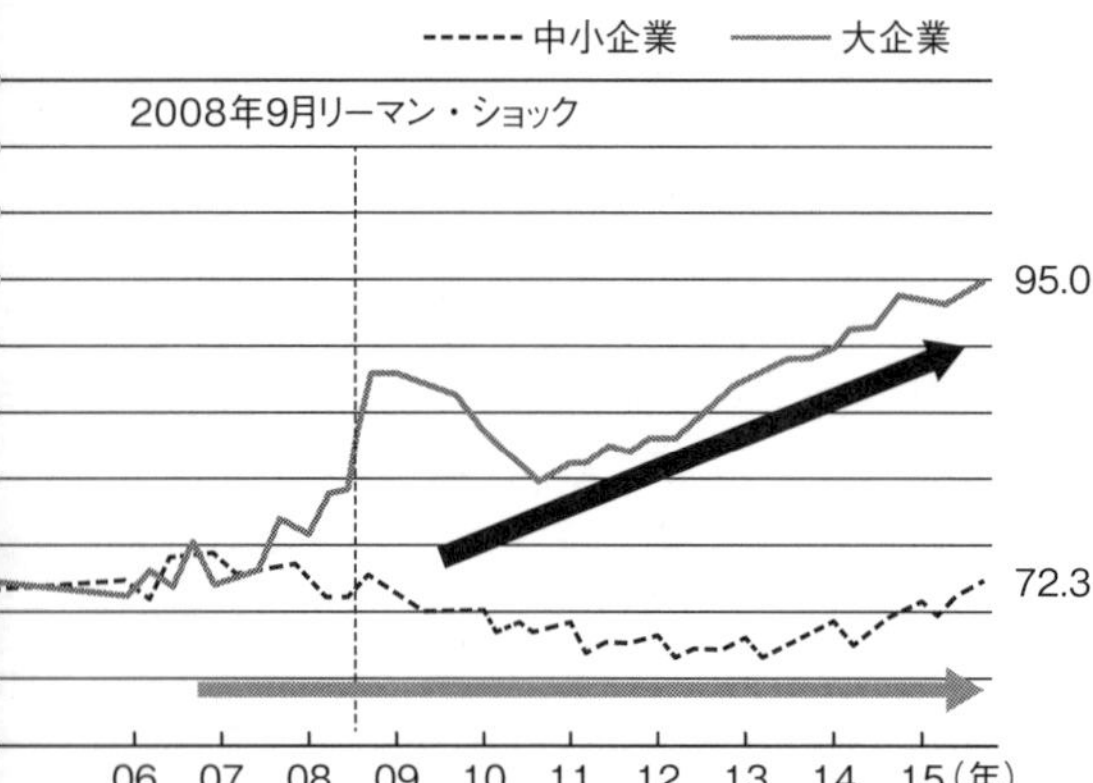

出典：日本銀行「金融経済月報」

減っています。中央銀行は景気の過熱に危機感をもち、金融引き締めをしていたのですが、バブルの拡大を抑えきれず弾けてしまったのです。このとき少なくない数の銀行その他金融機関が破綻し、金融システムが動揺しました。その結果、融資どころではなくなり、大企業も中小企業も融資を受けにくい状況になってしまったのです。いわゆる貸し渋りや貸し剥がしが続出しました。

バブル崩壊の動揺が続くなかで2008年にリーマンショックが発生しました。リーマンショック後の融資

企業規模別に見た金融機関からの貸出の推移

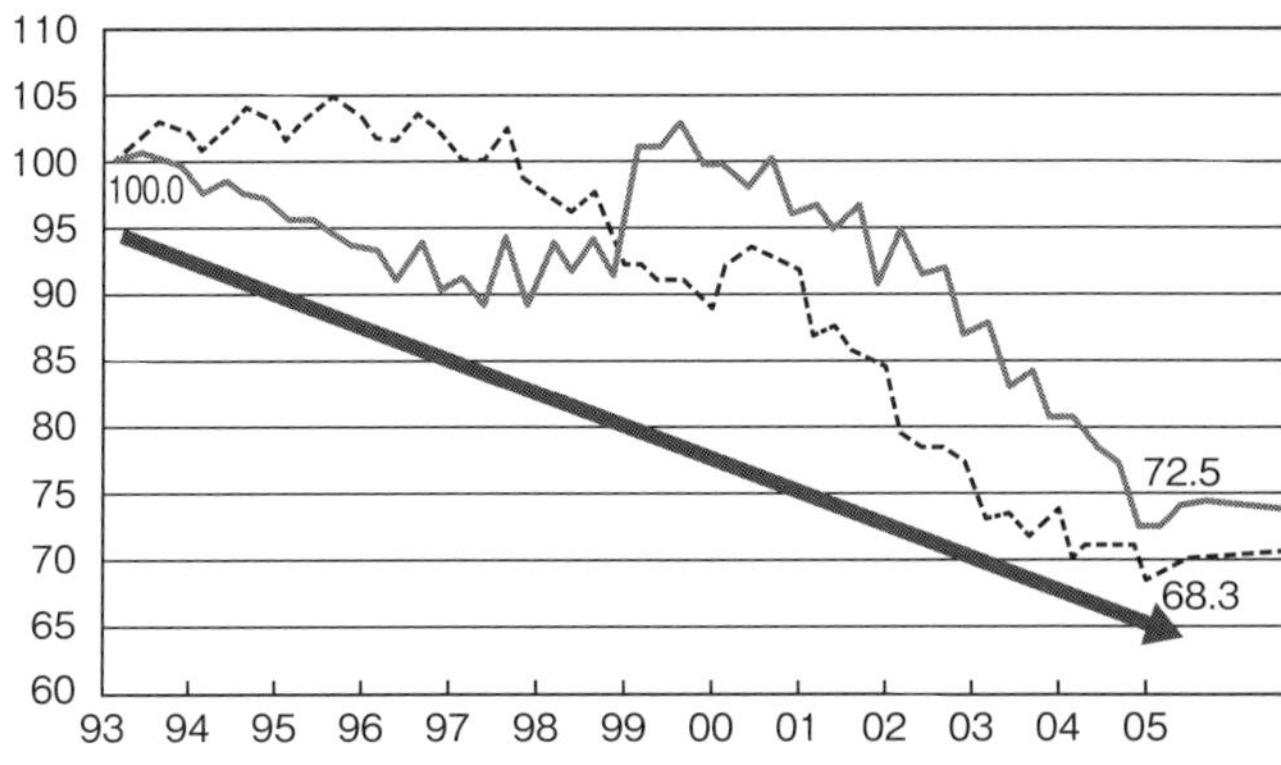

(注) 1. 貸出には信託勘定、海外店勘定も含む。 2. 国内銀行のみを集計している。
3. グラフ内の数値は、それぞれ1993年第2四半期、2005年第2四半期、2015年第4四半期の数値を表している。

の動きをグラフで確認すると、大企業は回復している一方で中小企業は低水準のまま推移しています。２００８年と２００９年には全国で倒産が急増しましたが、これは中小企業に十分な融資が行き渡らなかったことが要因の一つといわれています。

しかし近年は国の政策として中小企業への融資を積極的にする方向に変わってきています。中小企業の財務状況だけで融資の可否を判断するのではなく、事業性を評価するようにとの通達が金融庁から各銀行へ出されているのです。政府系など一部の銀行は積極的ですが、一般の民間銀行では反応が鈍く、まだ十分に事業性に目を向けられていないところが多いというのが現実です。

コロナ緊急融資で返済に困る企業が1割

最近の景気対策融資としては2020年の年明けから始まったコロナ禍での緊急融資（新型コロナウイルス感染症特別貸付など）があります。国内107銀行の2021年3月期の総貸出金残高（融資総額）は501兆円を超えて、2010年の調査開始以来の最高額を記録しました。このうち7割は中小企業向けの融資です。今回の景気対策融資は大企業だけでなく中小企業にも多くの資金が届いたといえます。

有事の緊急融資ということで会社の信用や担保にかかわらず、迅速な融資が行われました。そのおかげで中小企業や小規模事業者も融資が受けられ、多くの会社がひとまず命をつなぐことができたのです。2020年度と2021年度の企業倒産件数が2年連続で大きく下がったのも緊急融資の効果といえます。

しかし、コロナ関連倒産そのものは増えています。帝国データバンクの新型コロナウイルス関連倒産動向調査（7月13日時点）では2020年が840件、2021年が1772件、2022年が1067件となっており2000件に達するペースです。緊急融資で一時的に難を逃れたものの経済回復の遅れや借入金返済の開始により、資金繰りが改善できずにやむなく倒産していく企業が増えているのです。

今後の返済に不安を抱いている企業が1割ある（帝国データバンク「新型コロナ関連融資に関する企業の意識調査」2022年3月より）という事実からも、コロナ関連倒産は今後まだ増える可能性をはらんでいます。

資金繰りの苦しい企業については返済計画の組み直しや借り換え、追加融資などの対策が不可欠ですが、今後はコロナ前の融資体制に戻っていき、返済能力を審査されるようになるため中小企業にとってはシビアな状況になっていきます。特に売上や利益が落ちている会社は金融機関から返済能力が弱いと判断されやすいので、融資が通らない、借りられても金利が高い、希望する融資額より少なくしか借りられないといった事態が予想されるのです。

今は法人口座を開くこと自体が難しくなっている

中小企業・小規模事業者には融資以前のハードルとして、口座開設の難しさもあります。銀行と新たに取引を始める際には最初に法人口座を開設する必要がありますが、今は新規口座開設のための審査が厳しくなっているのです。

特にメガバンクは口座開設が難しく、規模の小さい会社にとってはハードルが高い傾向が顕著です。これは銀行にも棲み分け、役割分担があるためです。メガバンクはもともと規模の大きなお金を扱う機関としての役割が強く、取引企業は大企業や中堅企業がメインになります。結果的に中小企業・小規模事業者は優先度が低くなり、口座開設がスムーズにできない事態が起こってくるのです。そういう意味では信用金庫や地方銀行のほうが規模の小さい会社には優しいといえます。

口座開設が難しくなっているもう一つの理由として、名前だけで実体のない会社が増えていることがあります。振り込め詐欺の用途で使われたり、脱税など不正な資金の洗浄（マネーロンダリング）に使われたりといった事例が全国的に増えていて、銀行は安易に口座開設を許すことで犯罪行為に間接的に加担してしまう可能性を警戒しています。そのため口座開設時には事業の実体があるかどうか、具体的にどういう事業を展開しているかなどのチェックを厳重にしなければなりません。その審査だけでも1～2週間かかります。

こうした事情を知らないと、メガバンクに取引を断られてショックを受けたり急ぎで融資を受けたいのに口座開設に手間取ったりするといった混乱を招きがちです。融資は時間との勝負になることも少なくありませんから、遠回りをしないためにも口座開設でつまずかないようにしておくことが大切です。

企業成長には信用保証協会付き融資よりプロパー融資

もう一つ知っておきたいのは、銀行融資の種類についてです。大きく分けて信用保証協会付き融資とプロパー融資があり、本書ではプロパー融資の引き出し方を主なテーマとします。

●使い勝手は良いがあまり多く借りられない、信用保証協会付き融資

それぞれの違いを整理しましょう。まず信用保証協会付き融資は中小企業・小規模事業者が事業資金を調達する際に信用保証協会が保証人になることで銀行からの融資を受けやすくする制度です。創業から日が浅く事業実績が少ない会社や担保となる不動産などを十分もたない信用力の乏しい会社でも保証審査が通りやすく、返済期間の長い融資を受けやすいメリットがあります。万一、返済不可能となった場合は保証協会が融資額の80％を代わりに支払ってくれるので（残りの20％は銀行が負担）、銀行も低リスクで貸すことができるのです。

使い勝手が良いことから中小企業・小規模事業者の約半数に利用されていますが、あまり大きな額は借りられないという制約もあります。無担保の場合で最大8000万円まで融資可能とはいうものの、やはり会社の業績によって融資額が決まるので実際にはこの制度を利用している会社の6割強は3000万円以下となっています。3000万円ではできることが限られてしまうので、もっと大きな展開をしたい場合にはプロパー融資を目指すことになります。

●事業が成長するタイミングで活用したいプロパー融資

プロパー融資は、会社の信用力を銀行が独自に判断して融資するか、しないかを決めます。保証協会が保全してくれるわけではないので、すべてのリスクは銀行が負わなければなりません。銀行は本当に貸して大丈夫なのか、いくらまで貸せるかなどを厳しく審査し、危ないと判断した会社については融資を断ります。

反対に銀行が、この会社は成長が期待できる、貸した分は回収できる可能性が高いと判断すれば、それだけ大きな額を貸してくれます。一般的に会社の利益の10倍まで融資可能とされているので、利益が1000万円の会社なら単純計算では1億円まで借りられる余地があります。

事業を展開するうえでは設備投資が欠かせず、一時的に多額の資金が必要になることもあります。自己資金で1億円を調達するには年月をかけてコツコツと利益を積み上げていかねばなりません。銀行融資はまとまったお金を短期間で調達できるので、ここぞというタイミングを逃さずに一気に投資を実行することができます。つまり、会社を大きくしていきたい、ビジネスチャンスをモノにしたい場合にはプロパー融資が非常に有効なのです。

特に創業期から成長拡大期に企業の成長フェーズが変わろうとするとき、プロパー融資をスムーズに引き出せるかどうかが会社の未来を左右します。

経費に使う運転資金のためには銀行は貸したがらない

プロパー融資は基本的に会社の成長のために借りる資金です。銀行は貸した資金を設備投資などに使ってもらって、利益を今まで以上に大きくしてくれることを期待しています。つまり、経費に使うための運転資金が足りないので貸してほしいというのは本来のプロパー融資の目的から外れます。研究開発費や人材採用費というような費用のために貸すという発想も銀行にはあまりありません。研究開発や人を増やすことは自社で当期利益の範囲内でやってもらうというのが銀行の考え方だからです。

●運転資金としての融資はプロパー融資とは別枠

銀行融資にもいろいろな種類があって、運転資金としての融資は別にあります。一時的に資金繰りが厳しくなったときに受ける融資の一つが「つなぎ融資」です。補助金が入金されるまでの場合や、取引先から入金が遅れて資金ショートを起こしそうな場合、災害や経済的要因などで一時的に資金繰りが悪化した際に、経営を安定させるために貸すことがあります。

また、「短コロ」と呼ばれる運転資金があります。資金の回収期間と支払期間の差によって発生する資金負担を恒常的に借りるものです。短期資金の恒常的な転がしなので「短コロ」と呼ばれます。

さらに決算賞与資金というものもあります。会社の決算期に法人税の納税をしたり社員に賞与を支払ったりするため一度に多額の資金が必要になるとき、負担を一時的に軽減するために貸す資金です。

これらの融資は銀行が短期で回収できる仕組みです。あくまで一時的な融資が多いので金額もそれほど大きくはなりません。それに対して事業成長のためのプロパー融資は額が大きく、5年や10年など長期での貸出です。設備投資をしてその効果が現れるまではある程度の年月がかかるので、必然的に長期間になるのです。

この違いが分かっていないと、見当違いの融資を申し込むことになるので注意しなければなりません。

短期の融資を何度か繰り返して借りて返済実績を積み上げ、銀行の信頼を勝ち取るという使い方もできます。きちんと返済してくれる会社だと銀行に思ってもらえれば、返済実績のない会社よりプロパー融資を受けやすくなります。

銀行が期待するのは「レバレッジ効果」

そもそも銀行はなぜ融資をするのかというと、レバレッジ効果を期待しているからです。レバレッジ効果とは、てこで大きなモノを動かす原理のように、少額の資本投下で何倍もの収益を生み出すことです。自己資金が少なくても、銀行が融資によって支援することで会社が独力ではできなかった投資ができるようになるのです。銀行が1000万円融資し、融資を活用して会社が今までより100万円多く利益を出すことができたとすると、増益分の100万円がレバレッジ効果によるものとなり、利益が増えればそれだけ会社は成長できて、銀行も貸した資金に利息を付けて返してもらうことができます。金利2%で1000万円を融資した場合は、銀行は20万円の利益を得るというのが、融資の仕組みです。

銀行は会社の収益力や資産状況、資金繰りなどを見て、その会社がレバレッジ効果を出せるかどうかを判断するのです。高いレバレッジ効果が見込める会社には積極的に融資をしますが、レバレッジ効果が見込めない場合には銀行が貸倒れになるリスクが高まるので融資はできません。

融資は銀行の慈善事業ではなく、銀行にも利益が必要だというのは社会的に理屈の通った話だと思いますが、なぜか苦しいのに貸してくれない銀行が悪いと言って責める人がいます。私も銀行員時代に融資を謝絶したり返済の督促をしたりしたことがあるのできっと恨まれていたはずです。しかし、融資はあくまでビジネスであり、銀行には銀行の論理があることを分かってもらえないと良好な関係は築いていけません。

「借りられるうちに借りておく」「とりあえず借りる」は危険な考え

成長フェーズが安定期・成熟期にある会社では、これまでに何度かプロパー融資を活用しているところが少なくありません。返済実績がきちんとしている会社とは銀行も長く取引を続けたいと考えるため、そろそろ融資残高も減ってきたので新たに借りないかと声がかかることがあります。

このとき「借りられるうちに借りておこう」「今は必要ないけれども、いつか必要になったときのために借りておこう」と安易に考えると、あとから苦しくなってしまうことがあるので注意しなければなりません。経営者としては手元に現金があったほうがなにかと安心なので、つい借りておこうと思いがちです。あるいは、借りてあげないと銀行に悪いかなという余計な気遣いが働いてしまうこともあります。しかし、企業寿命を考えると会社もずっと元気ではいられず、いつか衰退期に入っていきます。衰退期に入る前に事業承継で経営者の若返りをするとか、新規事業で商機をつかむなどができれば勢いを盛り返せるのですが、そうでなかった場合、事業は縮小していくのに借入金はまだたくさん残っている、という事態になりかねません。

借りるときは「とりあえず借りておいて、いざというときまで手を付けずにとっておこう」と思っていても事業が縮小してくると、どうしても手近にあるお金を使ってしまうものです。手元にお金がないなら節約したり販路開拓を頑張ったりしてなんとかなることも多いのですが、手の届くところにお金があることで本来すべき努力や工夫をしなくなってしまうのが、私が見てきた多くのパターンとしてありました。

融資の資金は銀行のものなので、必ず返さなければなりません。当たり前のことなのですが、それを忘れて貸してくれるならいいかと借りてしまうと自分の首を絞めることになってしまうので注意が必要です。このあたりの金融や経済に関する知識や判断力が弱い、つまり金融リテラシーが低いという自覚がある人は、借りる前に本当に融資が必要なのか、身の丈に合った融資かどうかなどをしっかり考えることが大事です。

「借りられるだけ借りる」も金融リテラシーが心配

銀行から融資を受けようとするとき、「借りられるだけ借りたい。いくらまでなら貸せますか」と言う人が結構います。金融リテラシーが心配な例です。

借りられるだけ借りるということは、収支計画や事業計画をしっかりと立てずに借りようとしている証拠だからです。貸したところで有効に使ってもらえるのか、銀行としてはかなり不安です。

銀行は融資した資金が10年以内に返済されることを理想としています。そのため融資窓口の担当者は決算書のある数字に注目して、この会社は何年で返せるかをその場で計算しています。つまり初見である程度は貸せるか、貸せないかの目途がついているのです。ただし、10年返済はあくまで理想であって、20年までなら条件次第で融資が検討できると考えます。20年を超えると要注意と見なされ、融資の可能性はかなり低くなります。返済に20年以上かかることは、資金的体力が弱いということなので途中で返済に困ったり、最悪は倒産や廃業の恐れもあります。銀行にとっては会社が倒産して貸したお金が回収できないことが最大のリスクなので、そういう会社には怖くてまず貸すことができません。

いくら必要かと聞かれたときに、こういうことが分かっていて現実的な金額と納得のいく使い道を答えることができれば、銀行もこの社長は身の丈を分かっていて事業計画がしっかりしていると思うため、その先の具体的な話に入っていけます。仮に財務状況が多少悪くても、実現可能な事業立て直しのプランが明確にあれば銀行も聞く耳をもってくれます。

相手が求めている情報を的確に伝えられるか、事業の強みや将来性を社長が語ることができるかを銀行は見ているのです。それを踏まえて十分な対策を練ってから融資の申し込みに行くことがポイントになるのですが、これができていない社長は残念ながら銀行から良い評価が得られません。

「銀行は雨の日に傘を貸さない」は本当か

銀行との付き合い方について詳しく説明します。

昔から「銀行は雨の日に傘を貸さない」とよく言われます。高視聴率を取った金融ドラマ「半沢直樹」にも「銀行は雨の日に傘を取り上げ、晴れの日に傘を貸す」というセリフがありました。会社が儲かっているときはどんどん融資してくれるのに、経営が苦しくなってお金が必要なときに資金回収をしようとするという意味です。銀行の非情さに対する経営者の恨みつらみが伝わってくるようですが、これは経営者側の論理であって銀行側は違う見方をしています。

そもそも銀行というのは金利で利益を得るために融資をしています。1000万円を貸し出す際に何%かの金利を上乗せし、それを回収することで金利分だけ利益を得ることができる仕組みです。ですから本当は多くの会社に融資をしたいのです。

しかし、融資にはリスクが伴います。貸した資金を返してもらえなければ利益が出ないどころか損失を出してしまいます。今は金利1%以下の超低金利時代ですから、銀行は1000万円を貸しても少ないと10万円しか利益が出ません。その10万円のために返ってこないかもしれないリスクを負っているのです。リスクを最小にするためにも確実に返済してくれそうな会社を選ばなければなりません。この会社は経営が危ないとなれば、銀行に損失が出ないように対策する必要があるのです。

そのように考えれば、業績悪化している会社から少しでも残りのお金を回収しようと必死になるのも仕方がないと分かってもらえるはずです。銀行側としても業績が傾き始めた初期の段階で相談してもらえていれば、業績改善のための助言や返済計画の見直しなど打つ手もあるのです。販路開拓に困っているのであれば銀行の取引先企業のなかからマッチングして紹介するケースもあります。

しかし、日頃から銀行との関係づくりをしてこなかった会社に限って自分でなんとかしようと頑張ってしまい、業績悪化を銀行に隠して資金繰りに奔走してしまいます。そして末期的な経営状況になるまで打ち明けてくれません。いざお手上げ状態になってから報告を受けても銀行としては助けることができず、心を鬼にして回収するしかなくなってしまうのです。

経営者にしてみれば、今まで良い関係で来たのにいちばん困っているときに見放すのかと思う気持ちは分かります。しかし、視点を変えて銀行側から見ると社長を信じて貸したのに、大事なときに相談さえしてもらえなかったと思ってしまいます。銀行側も社長に裏切られたと思っているのです。

銀行は困ったときに資金を引き出せる便利な財布ではありません。銀行には銀行の論理があるということ、そして自衛のために撤退せざるを得ない場合があるのです。この視点が経営者にもあれば銀行との関係づくりも変わってくるに違いありません。

返済のリスケをすると新規の融資は受けられない

資金繰りに窮して返済ができないときには、銀行と交渉して返済計画の見直し（リスケジュール）ができます。経営立て直しのための時間的猶予をもらえる点はメリットですが、リスケすると新規の融資が受けられないことや、返済が長期化するなどのデメリットもあります。

銀行としては今ある借入金を先に返してくれないと、次の融資はできません。B銀行から借りてきて元からあるA銀行の借入金の返済に充てる手もなくはないですが、B銀行も融資審査の際にA銀行との取引状況を調べるので、まず審査は通りません。

返済の長期化については、リスケで一時的に資金繰りは楽になったとしても長い目で見るとかえって返済負担が増します。長期的には経営にマイナスに働くことがあるので気をつけなければなりません。

借り換え融資にもデメリットがある

返済負担を軽減する手法として借り換え融資というのもあります。例えば自社が3つの融資を抱えているとします。①残高500万円、毎月元金返済8万円、②残高300万円、毎月元金返済3万円、③残高200万円、毎月元金返済2万円と設定し、このとき合計で13万円を毎月返済していかねばなりません。

３つの融資を一本化して、１０００万円の融資に借り換え10年返済とします。すると毎月の返済額を8万３０００円まで軽減することができます。

一見すると大きなメリットで利用しない手はないように思いますが、これにもデメリットがあります。既存融資の期限前返済手数料や借り換えのための事務手数料などの諸費用が発生することがあるのです。また借り換えることで返済年数が延びると、トータルで支払う利息が増えてしまいます。金利は一般的には２～３％ですが、期限が延びると４～５％になることがあります。

リスケにしても借り換えにしても、どうしても返済ができないときには使わざるを得ませんが、先々の経営を考えるとなるべく避けるべきです。借金をすることに対するハードルが低い人は返せなければリスケしてもらえばいい、借り換えもできると安易に考える傾向がありますが、最初から借り過ぎないことが自分の身を守るうえでも大切です。

金融リテラシーの高い人になると、万一のことを想定して保険などの金融資産をもっておき、いざとなれば現金化して資金繰りに回すなどのリスクヘッジにも積極的です。そういう金融感覚、経営能力が今のような景気低迷の時代にはますます不可欠です。

銀行側の事情を知って関係づくりをすることが融資成功の第一歩

融資をスムーズに引き出すためには、銀行側の都合も考慮する必要があります。お互いにビジネスなのでＷｉｎ-Ｗｉｎな関係でないと長く付き合っていくことはできません。

融資の申し込みのときは熱心に連絡をしてくるのに、いざ融資が実行されると、あとは知らないとばかりに銀行のことは忘れてしまう人がいます。定期的に連絡を取り合う関係ではいたいものです。何かあったとき（ありそうなとき）に早めの相談ができれば、対策や予防ができます。銀行は社長とそういう関係になりたいと思っているのです。その意図を汲んで応えていくことが融資成功の第一歩となります。

銀行と良好な関係を結んでいくためには、まず相手を知ることです。銀行が何を考え、何を求めているのかを理解できれば、それに合わせた行動が取れるようになります。例えば銀行の融資審査のシステムが分かれば、融資を急いでほしいのになぜ何カ月もかかるのかとイライラすることも減ります。また、融資を早く進めるための対策ができます。そうやって銀行に歩み寄っていくことで融資の成功率は格段にアップします。

第2章

相手の懐に入るには、まずは融資の実情を知る！申し込みから実行までの融資審査フロー

なぜ融資の審査には何カ月もかかるのか

私は今、銀行員時代の知識と経験を活かして経営コンサルタントをしています。自治体や商工会議所などに呼ばれて企業経営者向けの金融・経営セミナーを多く開いていますが、「なぜ融資はあんなに時間がかかるんですか」と聞かれることがあります。一般の人からは銀行の内側が見えないので、何をそんなに審査することがあるのかと疑問に思われるのも分からなくはありません。確かに新規の会社が融資を受ける場合、最短で2カ月、長いと3カ月以上かかります。急ぎの融資を受けたいとき何カ月も待つのはもどかしいものです。

しかし、銀行はわざとノロノロと手続きを進めているわけではありません。行内で定められた正当なフローを踏んでいくと、どうしてもそれくらいかかってしまうのです。

銀行の窓口で融資を申し込んでから融資の判定を経て実行されるまで、どのような流れで手続きが進んでいくのかをステップを追って解説していきます。

銀行の種類ごとに性質や得意分野は違う

まず銀行（金融機関）とひと口にいっても、いくつかの種類があり、それぞれに特徴があります。

- 政府系金融機関（日本政策金融公庫、沖縄振興開発金融公庫、商工組合中央金庫）
- 信用金庫・信用組合
- 都市銀行（いわゆるメガバンク）
- 地方銀行
- その他（信託銀行、ネットバンク、外資系銀行など）

日本政策金融公庫（沖縄だけは沖縄振興開発金融公庫）は国の政策のもと、民間金融機関を補完する金融機関です。中小企業・小規模事業者や農林水産業者などの資金調達を担っています。国の金融政策が最も反映されやすいので、新型コロナウイルスの緊急融資では中心的な役割を果たしました。

商工組合中央金庫（商工中金）は各都道府県に拠点をもつ中小企業専門の金融機関で

す。昭和初期に度重なる恐慌の影響から中小企業を守るためにつくられた経緯があり、今でも中小企業・小規模事業者の味方として頼れる存在です。

一般的な民間銀行が株式会社であるのに対して、信用金庫や信用組合は会員や組合員の出資でつくられた非営利法人です。つまり、民間銀行は株主の利益が優先されますが、信用金庫や信用組合では地域の利益が優先される点が大きく違います。

都市銀行は東京・大阪など大都市に本店を構え、全国規模で銀行業務を行う金融機関です。取引先は大企業・中堅企業が多く、中小企業・小規模事業者にはハードルが高くなりがちです。とはいえ最近は財務内容だけでなく事業性を評価する流れになってきているため、事業性の評価が高くて融資するケースも増えています。

地方銀行（地銀）は地方都市に本店を置き、地域に密着した銀行業務を行います。取引先は地域の中小企業・小規模事業者が中心です。

これらの金融機関のなかから自社に合ったところを選んで融資の相談をします。最初は中小企業に優しいところ、地元企業に優しいところを優先的に選ぶことになります。

民間銀行の融資審査4つのステップ

銀行融資の審査には大きく4つのステップがあります。民間銀行ではメガバンクでも地銀でも融資審査のフローは基本的に変わりません。

① 窓口での面談
② 書類提出と申し込み
③ 行内での審査
④ 融資の実行

では順番に見ていきます。

ステップ1：窓口での面談

新規で銀行と取引を始める場合は最初のステップとして法人口座の開設があります。銀行側はこの会社と取引を始めるかどうかの審査をするのにおおよそ1～2週間を要します。審査が通らなければその銀行とは縁がなかったということです。その場合は銀行はほかにもあるので別の銀行にアプローチします。

以前から取引のある銀行で2回目以降の融資を受ける場合は、すでに口座はあり事業内容なども銀行側は把握しているので、担当者と融資に向けた具体的な面談からのスタートになります。

初めての融資では面談時に何を聞かれるのか、ちゃんと答えられるか心配だと思います。担当者は主に次の内容について質問しますので、あらかじめ答えることをまとめておくと安心です。

- 創業や事業の動機
- 事業の具体的な内容
- 事業計画や資金繰り計画の現実性
- 融資が必要な理由と期待できる効果
- 事業がうまくいかなかった場合の対策
- 自己資金はどのくらい用意できているのか

担当者が知りたいのは「何をしている会社なのか」「どんな理念や経営方針で事業を行っているのか」「なんのために融資が必要なのか」です。詳しい事業内容やビジョン、社長の事業に対するこだわりや熱意などは決算書などの書類では分かりません。そういう定性的な部分を知るために担当者は質問をしているのです。

どれも基本的な質問で「融資のために答えを準備する」というよりは、「日頃からやっていること、考えていることを分かりやすく伝える」ことが大事です。よそゆきの言葉を並べるよりも本音で話すほうが担当者には伝わりやすくなります。

ステップ2：書類提出と申し込み

新規の場合は「決算書一式」を3期分提出します。2回目以降の申し込みは毎年決算書を渡しているはずなので最新のものだけで構いません。

決算書というと一般的には貸借対照表、損益計算書を指しますが、融資申し込みの際は「決算書一式」が求められます。法人税の確定申告をする際に作る書類のことで「販売及び一般管理費の明細」や「勘定科目内訳明細書」など附属明細書を含めた一式です。決算書作成を依頼している税理士に「銀行融資に必要な書類一式が欲しい」と言えば出してくれるはずです。

決算書以外に必要な書類としては次のものがあります。

- 借入申込書（会社や経営者の情報、希望する金額、希望する返済期間や方法、資金の使い道など）
- 履歴事項全部証明書
- 印鑑登録証明書
- 事業計画書
- 資金使途資料
- 月次決算表（月次試算表）
- 銀行取引一覧表
- 納税証明書

銀行や融資内容によっては必要でない書類や融資が決まってから必要になる書類もあるので担当者に尋ね、求めに応じて提出しても構いません。例えば、融資の内容によっては事業性評価シート（決算書では分からない会社の特性を知るための資料）が必要になる場合もあるのです。

ちなみに社長が会社の連帯保証人になる際は別途書類が必要です。しかし近年は個人保証や担保を取らない融資をするよう国が指針を示し、その方向に少しずつ変わってきました。個人保証や担保は事業承継をする際に後継者の負担になってしまうので、できるだけ個人保証なし担保なしの融資を受けられるように、書類を磨き上げるなどして努力すべきです。

ステップ3：行内での審査

融資のステップのなかでいちばん時間のかかるところです。行内でどのように稟議が回っていくかというと、融資額や会社の信用格付によって2パターンあります。信用格付とは銀行が融資を行うか否か判断する際の基準のことです。財務分析（財政状況や資金繰り、収益力など）から返済能力を判断して正常先、要注意先、破綻懸念先といった区分を行います。区分は銀行によって少しずつ基準が違っており、それぞれ数も違います。

「格付の内容が良い」「支店権限内の融資額」というケースでは「融資担当者→融資担当課長→副支店長→支店長」という順番に稟議書が回っていきます。担当者が作成した稟議書を融資担当課長がチェックしOKなら副支店長に上げ、副支店長のチェックもクリアすれば最終的に融資するか・しないかを決裁する支店長にいく流れです。

それぞれの段階で稟議書が詳しく吟味されるので時間がかかるのです。スムーズにいっても融資担当課長のチェックだけで1~2週間、毎日10件以上の稟議ファイルが融資担当者から来るのでそれくらいはかかります。もし稟議書に情報の不足や不明点があれば担当者に「差し戻し」となり修正および再提出をしなければなりません。その分、多くの時間がかかってしまいます。

次に「格付の内容が悪い」「支店権限内の融資額を超えている」「担保が不足している」「支店の権限以上に金利を優遇したい」というケースでは支店長の権限では決められません。本店の融資部や審査部に決裁を仰がなければならず、チェックに関わる人も多くなるのでさらに審査に時間がかかります。

稟議の流れとしては「融資担当者→融資担当課長→副支店長→支店長→審査部担

当者→審査部上席→審査部長」となります。審査部から支店に稟議書の差し戻しが来る場合もあって、支店決裁のケース以上に稟議を通すのに骨が折れます。

ステップ4：融資の実行

融資の審査期間は銀行ごと・案件ごとに違いますが、おおむね次の日数が目安になります。

- 新規事業者への融資……2カ月～3カ月程度（口座開設から始める場合はさらに2週間）
- 既存事業者が復元資金を借りる場合……数営業日～2週間
- 既存事業者が新規の融資を受ける場合……1カ月～2カ月

融資審査を終えて決裁が出たら、融資がOKでもダメでも担当者から結果の連絡が来ます。融資ができる場合は契約を交わし（先日付でも可）、その契約日に借入金が振り込まれます。

融資が通らなかった場合は、ダメだった理由を担当者に説明してもらうことが大事です。理由が分からないと次の銀行にチャレンジするにしても対策を練ることができないからです。

稟議書は書くべき情報量が多く1案件で5~10日かかる

融資の審査はまず融資担当者が「稟議書」を作成するところからスタートします。面談でいろいろと質問をされるのは稟議書を作るための情報を集めているのです。

稟議書は事業内容、財務分析、経営者の情報、業界動向など1社につきA4紙にして5~10枚のボリュームになります。今はパソコンで入力するため手書きの時代よりも労力は少なくて済みますが、それでも1案件分を作るのに1週間はかかります。

日中、融資担当者は窓口業務や融資会議、外回りの仕事などが入っています。そのため稟議書作成に集中できるのは窓口が閉まった夕方以降となります。しかも1人で10社くらいは案件を抱えているため、効率よく進めてもそれくらいはかかってしまうのです。ちなみに私が融資担当だった頃は定時で帰れたことはほとんどなく、数時間は残業して稟議書をせっせと書くというのが当たり前でした。

決算書以外にも事業性を評価している

稟議書の基となる資料は融資申し込み時に提出された申込書と決算書です。入り口で最も大事なのは決算書であり、融資担当者はこれを細かく分析し、その会社の格付を行います。貸借対照表や損益計算書も当然見ますが、むしろ勘定科目内訳明細書などの附属明細書を念入りに調査します。

勘定科目内訳明細書というのは貸借対照表や損益計算書の裏付けとなる資料です。例えば損益計算書にある売上高がどういう内訳でその数字になっているのか、矛盾のない正しい数字なのかを見ることができます。また、会社の預貯金の内訳や棚卸資産（商品や原材料の在庫）の状況、ほかに借入金があるかどうか、取引先にどんな会社があり何をいつ取引しているかなども全部詳らかになるのです。

格付で正常先となれば融資は通りやすくなりますが、要注意先よりも下のランクになるにつれて融資の可能性は低くなっていきます。破綻懸念先は、その名称どおり破綻の懸念があり融資しても返済できない可能性が高いということです。

銀行では主に決算書の内容を点数化して格付が決まり、その点数で融資の可否判断材料にするスコアリング融資という、スピード審査が売りになっていた時期がありました。しかし今は決算書にプラスして「事業性」を評価する方向に軸足をシフトしています。そのために銀行は事業性評価シートの提出を求めたり、経営者から事業内容を細かく聞き取ったりするのです。

この事業性評価にも時間がかかります。財務分析などは数字を入力するとある程度までコンピューターが計算してくれるのでコメントを足せばいいのですが、事業性評価は融資担当者が自分でテキストを作成しなければなりません。会社の強みや弱み、融資をする場合の懸念事項など、上司が読んで分かるようにしておかなければならないので、分かりやすくまとめる力がいりますし、文章力も問われます。

稟議におけるキーパーソンは融資担当課長

稟議において最も鍵を握る人物は融資担当課長です。支店が扱うすべての案件は融資担当課長の元を通過する仕組みになっているからです。融資担当課長が稟議書を1枚1枚精査してＯＫを出さなければ、その先には進めません。

「事業内容が分かりにくいからもっと資料をそろえて」「この案件内容では判断ができないから詳しくコメントを書くように」など細かい部分もチェックされ、融資担当者に差し戻されることはしょっちゅうです。

差し戻しがあると融資担当者は自分で調べたり、申込者（経営者）に問い合わせたりして書き直しをしなければなりません。何度も再提出を重ねているうちに日にちが過ぎていき、案件が融資担当者より先に進まない、ということにもなってしまうのです。

差し戻しの回数はせいぜい3回までが限度で、4回目が戻ってきたらまずダメだと思わなくてはなりません。経営者からすると自社の稟議書が何度目の差し戻しかは正確には分かりませんが、何度も質問が来て融資担当者の手元でグズグズしていることが見て取れたら危ないと思ったほうがいいです。

日々上がってくる少なくとも10件の稟議書をすべてチェックするのは融資担当課長にとってもなかなかのプレッシャーです。1日に見られるファイルはせいぜい7～8件なので未消化の分は翌日に回しますが、翌日にもまた10件のファイルが来てしまうことがあります。

この段階で融資の可能性のないものは却下し、可能性のあるものだけを上に送ります。つまり、ここで通った案件は融資担当課長が融資しても問題ないと判断したということで、支店決裁の案件についてはだいたいは融資が通ります。副支店長や支店長の審査が控えていますが、融資担当課長に信頼を置いているため覆ることは少なく、細かい融資条件を決めるための審査となるのが通常の流れです（審査部決裁の場合は、支店はＯＫでも審査部で覆ることが多々あります）。

融資担当課長が面談に出てくれれば良い兆候

基本的に窓口業務は融資担当者が行い、融資担当課長はバックヤードに控えていることが多いのですが、時と場合によっては表に出てくることもあります。融資担当課長が面談時に融資担当者と同席したり、現地見学に一緒に来たりしてくれるなら良いことです。同席するということは自社に興味をもってくれている証拠であり、稟議を通すためにより詳しく聞きたいと思ってくれているというサインだからです（ただし、稟議書の内容があまりに不備が多い、必要書類が提出されていないなど業を煮やして同席する場合もあります）。

融資担当課長と対面する機会があるのであれば、経営者は自分の言葉で直接アピールをすると良いです。そのほうが自社への理解を深めてもらえ、稟議がスムーズに進みやすくなります。

融資担当課長が決めかねると融資会議での話し合いになる

融資担当課長のところで案件がストップし、却下も通過も判断がつかないときは「融資会議」が開かれます。融資会議には融資担当者、融資担当課長、営業課長、支店長など関係者が集まって話し合いがもたれるのです。

複数の目で案件を見ることで融資の可能性を探るのですが、ここで不明点や疑問が出てくると、また融資担当者に差し戻しされて再提出となります。そんなこんなで稟議書が行き来していると、1カ月くらいはすぐに経ってしまいます。

融資会議にかけられるということは要審議という判断なので、結果的には、繰り上げしないことになりその先には進めません。

つまり、「融資に時間がかかる＝なんらかの問題があり融資の可能性が低い」ということです。２カ月以上経っても審査が終わらない場合は、融資が下りる見込みが薄いと覚悟して次の手が打てるようにしなければなりません。銀行ごとに審査基準は違うのでA銀行がダメでもB銀行やC銀行は通る可能性があります。審査に通らないことはショックですがあまり引きずらず、そして諦めずに対策をして次にチャレンジすることです。

［第3章］

融資を通すか否か、銀行はあなたの会社のここを見ている！担当者が口には出さないチェックポイントとその対策

初対面の雑談からすでに値踏みは始まっている

銀行に融資の相談に行くと融資担当者が出迎えてくれ、天気の話や景気の話などいろいろな雑談をすると思います。これは場を和ませるためでもありますが、相手の様子を見るための雑談でもあります。

ひと言ふた言会話をすれば経営者がどんな感じの人なのかがある程度分かります。声が大きく活力があるとか、言葉が丁寧で物腰の柔らかい人だとか、あるいは横柄であまり印象が良くないとかです。この第一印象は私の経験上、ある程度の確率で当たります。最初に人柄の良さそうな人だと思っていると、やはり社員思いの一生懸命な人だと分かってきたり、逆に「何か引っかかるな」と思っていると、自分のペースで物事を進めるタイプでこちらが求める書類をなかなか提出してくれなかったりということがあります。

人柄以外にも、その人の身なりや持ち物などからお金の使い方が把握できます。また決算書をぱらぱらとめくれば経営に対する考え方も見えてきます。このようにして融資担当者は経営者の様子を観察し、「この人は信用できそうか」「この人が経営する会社は支援するに値するか」といったことをうかがっているのです。

銀行が見ているのは「与信」

なんのために人柄や考え方を見ているかというと「与信」を見定めるためです。与信とは文字どおり「信用を与える」という意味です。融資をする場合、お金を先に渡してあとから回収することになります。この取引においてお金を回収するまでの間、相手に信用を与えることから「与信」と呼んでいます。

私が銀行員として新人だった頃、上司からは「ヒト・モノ・カネを見よ」と繰り返し教えられました。この3つをトータルで判断しないと、カネの面だけが良くてもほかがダメだと融資で失敗することがあるという意味です。

まず「この社長にお金を貸してちゃんと返ってくるか」「融資のお金を有効活用してくれるか」「長く付き合っていける相手か」というのがヒトの審査です。例えば社長がお金や約束にルーズだと返済期限を守らないことが想定されます。会社のお金を自分のお金のように使ってしまう人もいます。また仕事に対する熱意がなければ、今は業績が良くても先々でうまくいかないことが出てくるかもしれません。

次に「事業に強みや将来性があるか」「融資で伸びる可能性があるか」というのがモノの審査です。今は事業が順調でも時代の流れや努力を怠れば下向きになることもあります。融資をすることによってどの程度の効果が生まれるのか、銀行にはどんなメリットがあるのかも大事です。

カネの審査は決算書で行います。決算書には会社の財政や資金繰りなどが全部書かれているので、その内容によって返済能力はかなりの精度で測ることができます。融資担当者は面談が終わったあとに、受け取った決算書とにらめっこして細かい分析をしているのです。

つまり、面談は決算書では分からないヒトとモノの部分を見るためにあるといっても言い過ぎではありません。銀行は面談時にさまざまな角度からチェックを行い、社長や会社の与信を測っているのです。

具体的に銀行員（融資担当者）が何を見て与信の判断をしているかが分かれば、スムーズに面談を進められるはずです。また与信対策のコツや注意点についても押さえておく必要があります。

【面談時に見ているポイント】

① お金の使い方、金融リテラシーはしっかりしているか

お金の使い方については、社長がどんな車に乗っているかや私生活のレベルがどうかをよく見ます。会社の利益がそれほど多くないのに社長の自家用車が高級外車だと、銀行側は「会社のお金が社長個人に流れているかもしれない」と考えます。社長の自宅がやけに立派な場合も、「会社に利益を残さずに役員報酬をたくさんもらっているのかもしれない」と思ってしまいます。

また雑談をしているなかで遊びが派手な傾向だと分かることもあります。ヨットを買った、ゴルフで海外旅行にしょっちゅう出掛ける、競馬が趣味で馬主になったなど、お金のかかる趣味は「本業以外に趣味で散財癖があるかもしれない」と考えて銀行はウォッチします。資産運用や相続税対策と称して気になる不動産賃貸物件に安易に手を出す人がいますが、そういう場合もお金の出どころや賃貸業の採算などが心配になります。不採算物件

を抱えると事業への影響もゼロでは済まないからです。

それらの資金が社長のポケットマネーから出ている分にはまだ良いのですが、会社のお金で購入している場合は特に危険です。社員のレジャー用として使われている場合は経費として見なしますが、福利厚生とは名ばかりで実質的には社長しか使っていないケースもあり、こういう場合は経費としては認められません。「会社の資産」と「社長の資産」の線引きがきちんとできていないことを意味するので、社長の経営の考え方が甘いということになります。銀行としては「融資したお金も社長の個人的な趣味に化けてしまうのでは」と警戒し、融資審査を厳しくせざるを得ません。

【対策】会社のお金と個人のお金の区別をつける

規模の小さい会社や家族経営の会社では、社長が会社を「自分のもの」ととらえる傾向があります。経営判断を社長一人でしていると、自分の信用で仕事を取って来ている、売上や利益を出せているのも自分のおかげと思いがちです。すると、「自分が稼いだお金なのだから自分が使うのは当たり前」という感覚になり、会社と社長個人のお金の線引きが曖昧になりやすいのです。

まず「会社は社員みんなのもの」「地域のものでもある」ととらえることです。株式会社には私益・共益・公益という3つの役割があります。私益は社長個人の利益のこと、共益は会社組織を構成するみんな（社員）の利益のこと、公益は会社を取り巻く環境すべて（地域）の利益のことです。この3つを考えて経営をすることが大事です。

会社を自分のものと考えて私物化してしまうというのは、私益を優先している状態です。もちろん私益も大事なのですが、それと同じくらい社員を幸せにすることができないと、その会社は長続きしません。また会社が事業をできるのは地域のおかげなので、地域に貢献して恩返しをしていくことが大事になってきます。

共益と公益を常に心に置いて経営していれば、会社の利益は社員や地域に還元するという考え方になり、会社の私物化にはならないはずです。

② 約束にルーズな人はお金にもルーズ

社長が約束を守る人かどうかも見ています。例えば約束した期日までに書類を提出してくれない、アポイントをしたのに面談をすっぽかす、約束を守れなかったことに対して納得のいく理由を説明しないなどです。

面談の日時を決めて社長の来訪を待っているのに、いくら待っても来ないので会社に電話してみると事務員から「社長は不在です」と言われ、「面談のお約束だったのですが、どちらに行かれたのでしょうか」と聞いても「分かりません。どこかに出掛けていきました」「戻り時間も分かりかねます」と言われてしまうことがあるのです。後日こちらから改めて電話をすると「ちょっと急な仕事で……」と歯切れの悪い理由しか話してもらえず、お詫びもきちんとしてくれないといったケースを私も何度か経験しました。

こういうとき、銀行員も人間なので時間を無駄にされた、自分を疎かにされたと感じてしまいます。突発的な仕事やトラブルが発生することもあるので予定のキャンセルは仕方がないにしても、電話で事情を説明して理解を求めるなり、翌日にでも銀行に連絡して再度の面談依頼をするものです。それができないということは、自己中心的でルールを守れない人なのだなと解釈するほかありません。

書類の提出が遅れることや約束の日に来ないことは一つひとつは小さな約束破りです

が、そういうクセがある人はお金に対してもルーズなことが多いのが問題です。計画的にお金を使えず散財しがちだったり、ザル勘定で帳簿と数字が合わなかったり、いきなり借入金の返済を待ってほしいと言ってきたりする例が多いのです。

【対策】提出書類は担当社員に指示して期限を守らせる

人として当たり前のことですが、提出期限やアポイントなどの「約束は必ず守る」ということが信用を得るための基本です。どうしても守れないときは早めに連絡をして相手の了解を得たうえで、後日ちゃんとリカバリーをするべきです。

提出書類については、社長が自分でやるのが無理なら社員に代理でやらせる方法が有効です。中小企業や小規模事業者の社長は、管理職であると同時に現場のプレーヤーでもあることが多いので、とにかくやることがいっぱいで忙しい人が多いです。目の前の仕事に集中していると書類のことはつい失念してしまうこともあります。

そういう場合に備えて、事務や経理に「○○の書類を作成して、○日までに融資担当者にメールで送るように」と言っておくのです。「銀行に提出する前に一度チェックしたいから、期限の2日前に見せるように」としておけばさらに安心です。なんでも自分で仕事を抱え込まないで、上手に社員に振り分けて責任をもたせていけば人材の成長にもつながって一石二鳥です。

③ 決算書だけ渡して「よろしく」は今は通用しない

融資担当をしているとさまざまな社長がいて、なかには決算書だけ渡して「2000万円貸してほしい」と言ってくる人がいます。確かに決算書は会社の情報を知るための不可欠な資料ですが、これだけポンと渡されて「あとはよろしく取り計らって」「前はこれで貸してくれたよね?」と言われても困ってしまいます。決算書のスコアリング重視の時代では、決算書情報を中心に貸すことがあったのですが、近年では事業性評価融資に軸足を移しているため通用しなくなっているからです。

融資担当者は融資を通すために社長から詳しく聞き取りをすることになりますが、それに対してうるさそうにされるのもマイナスポイントです。銀行と会社とは対等な関係でどちらが上ということはなく、お互いが協力しないと良い稟議書は書けませんし、有意義な融資も実現しないのです。

こちらの疑問に答えたり協力したりする気がないと感じられる社長については、銀行としても情報交換しながら付き合っていくのが難しいという判断になります。もっと真剣に融資に向き合っている社長はほかにもたくさんいるので、どうせなら情報提供に協力的な社長にマンパワーを割きたいと思うのは人間として当然の心理です。

融資はビジネスではありますが、その基本は人間関係が築けるかどうかです。人間関係の重要性はどんな仕事でも変わりません。銀行に対して情報提供に非協力的な態度を取るということは、ほかの取引先に対しても相手を見てそういう態度を取っているのだろうと想像できます。取引先との関係にリスクを抱えている可能性が高く、銀行は慎重に稟議を進めることになります。

【対策】決算書以外にも大事なことがあると理解する

大前提として決算書だけでまともな稟議書は書けません。決算書だけで事が済むならそもそも面談は必要ないはずです。わざわざ面談の機会を何度も設けているということは、銀行にはそれだけ知りたいことがあるということです。何度も社長と話して、その人柄や考え方を知って信頼関係を結びたいのです。

何度も面談を求められたり問い合わせの電話やメールが来たりすると、融資の手続きが全然進んでいないように思えて焦れるとは思いますが、そうではありません。何度も融資担当者が聞いてくるということは稟議書を練り上げている証拠です。あるいは社長からの情報提供が足りないのをなんとか埋めようとして、融資担当者が頑張っている証かもしれません。そのように考えれば「あとはよろしく」という丸投げにはならないはずです。

融資担当者はいちばん近くにいる味方と考えて、一緒に融資を通すつもりで最大限の協力をするべきです。

④ 自社の強み・弱みを分析できているか

社長が自社の強み・弱みを理解できているかも大事なチェックポイントです。事業の特性が分かっていないと、現状維持はできても成長はしません。業績が傾いてきたときの立て直しもできません。

融資担当者はその会社の事業を理解するために業種別審査事典を調べますが、そこに書いてある以上の詳しい情報を知りたがっています。業種別審査事典は日本の全産業・全業種を網羅するもので、百科事典10冊分くらいのボリュームです。どこの銀行にもまず置いてあって、融資担当者はこれを使って業界業種の特徴や利益率などを把握するのですが、業種業界の概要をつかむことはできても細かな情報までは載っていません。面談で事業内容について聞いたときに、表面的な説明しか返ってこないとガッカリしてしまいます。「この社長は自社のことが分かっていない」「事業に対する思い入れが少ない」と思うと、融資担当者も融資を通してあげたいという熱意がそがれてしまいます。おのずと稟議書もそれなりの内容にならざるを得ません。

創業者はゼロから会社をつくってきただけあって思い入れや事業への理解が深い人が多いのですが、親から事業を引き継いだ2代目3代目では創業者の延長線で経営をしている人がいます。「長く会社が続いてきた秘訣はなんですか」とこちらが聞いても、「商品が良いからじゃないですか」など今一つピンと来ない答えが返ってくるケースがあります。

今の時代は単に商品が良いだけでは生き残っていけません。同じような商品を作る会社は出てきますし、特に消耗品の場合は多少品質が落ちても安い同類商品があれば、客はそちらに流れていくことがあります。そういうライバル社や競合商品があっても選ばれてきたということは、何か秘訣があるはずなのです。例えば高品質のものを比較的低コストで作る技術があるとか、他商品には置き換えの利かない価値や魅力があるなどです。そこの部分を社長が語れるか、きちんと理解してさらに上を目指しているかを銀行は注目しています。

【対策】融資担当者は業種業界に詳しくないと思って「教育」する

融資担当者と面談するときは自社の業界・業種についてあまり知らないと思っておいたほうが良いです。特に融資の経験が浅い担当者はたくさんの会社を見て来ておらず、業界調査などの知識も少ないので詳しいことは分かっていないことが多いです。

融資担当者は稟議書を書くときに業種別審査事典や本部からの業界レポートなどの参考資料を調べます。

例えば製造業で部品加工をやっているといっても、そういう会社は世の中にたくさんあります。なんの部品を作っていて、最終的になんの製品の一部になるのか、競合やシェア率はどうなのか、特別な技術があるのかといった「他社との違い」や「強み」を銀行側は知りたいのです。よそにはない特許技術がある、業界シェア率が高い、業界標準の利益率より高いといった強みがあれば事業性の評価は高くなります。

具体的な例を挙げると、私がまだ30代で融資窓口の担当だったとき、小さな印刷会社の稟議を取り扱ったことがあります。若者の活字離れやペーパーレス化で紙の印刷物はもう随分前から消費量が右肩下がりになっており、受注をこなすだけでは斜陽産業と見なされていました。この時点では融資の可能性は高くなかったのです。

私が担当した印刷会社はこの業界では老舗の部類で印刷技術は確かでしたが、それだけでは生き残っていけないと考え、装丁やデザインの分野でも人材を採用し育成していました。そして本を作りたい人と直接やり取りをし、自費出版ができる仕組みをつくっていたのです。

工場見学に行かせてもらったところ紙質もサイズも形もさまざまな本が作られていて(本の真ん中に穴があいた仕掛け絵本など)、とてもユニークな会社だということが分かりました。それ以前から面談を通していろいろと事業の説明は聞いていたのですが大量生産の本とは違う作り手の思い入れの詰まった本が丁寧に作られているのを見て「普通の印刷会社とは違うし、事業としての将来性がある」と理解しました。そして「ぜひ融資で応援したい」と強く思ったのです。私が銀行に帰ってさっそく稟議書を練り上げたことはいうまでもありません。結果的に上席にも事業の将来性を高く買ってもらうことができ、スムーズに融資が通りました。

融資担当者に良い内容の稟議書を書いてもらうためには、経営者は融資担当者に自社の情報を正しく伝える必要があります。融資担当者が理解できていないと、融資担当課長や支店長を説得してもらうこともできません。そういう意味では社長が融資担当者を「教育」するのです。

そのためには現地見学に来てもらったり実際の商品を見せたり、事業性評価シートを分かりやすく作成するなどの努力が必要です。融資担当者は工場見学が好き（業務上の見識を広げるという意味でも、純粋な興味という意味でも）なので、社長から誘うと喜んで来てくれます。飲食店の場合は試食に招くのも手です。口頭や資料で説明するより核心を理解してもらいやすいので、できれば一度は融資担当者に現場に来てもらうよう働きかけると良いです。

⑤ 節税をしないと損だと思っている社長は要注意

経営者のなかには節税をしたがる人が結構いて、法人の利益を役員報酬として経営者一族の個人の所得に換えるなどの手法が見受けられます。これは法人税の節税方法として正当なやり方なので税法上の問題はありませんが、「融資」という観点で見るとマイナスに働くことがあります。法人の利益が少ないということは、融資をした場合の返済能力が低いということだからです。会社の利益が1000万円の現預金として残っていれば、2000万円の融資でも1000万円はすぐに返せます。銀行としてはその会社に何かあったときに半分は返してもらえる当てがあるので安心できるのです。しかし、現預金がゼロの場合は2000万円がまるまる返ってこない恐れもあります。どちらの会社に融資したいかは述べるまでもありません。

銀行としては「あまり節税はしてほしくない」「会社の利益は適度に残してほしい」というのが本音です。ですから、融資を受けたいと考えている場合は過度な節税を避けるべきです。

【対策】適度な節税の目安は「自己資本比率20%以上」

「適度な節税」と「過度な節税」のラインは自己資本比率20%が一つの目安になります。

自己資本比率というのは「返済不要の自己資本が資本全体の何%を占めるか」を示した数値のことです（詳しくは105ページ）。会社の財務面における安全性を見る指標として使われます。業種によっても違いがありますが、一般的にこの値が30～40%以上が安定的な経営には望ましく、20%を下回ると安全性に欠けると見なします。

決算上は利益が十分出ているのに役員報酬などで利益を外部に放出した結果、20%を切っているという場合は、銀行側は「節税し過ぎではないか」と判断します。経営上、法人税を節約することは決して悪いことではないのですが、その頃合いが大事だということです。

税理士によっては法人税の節税をアドバイスする人や、ギリギリまで節税することが依頼者の利益を守ることで自分の腕の見せ所だと考えている人がいます。そういう場合は税理士任せにしないで、「融資を受けたいので節税について話し合いたい」とはっきり伝えることです。もしくは、融資に強い税理士を探すことです。明確な意思表示をしないと税理士のペースで進んでしまい、後悔することになりかねません。

⑥ 決算書が読めているか、数字を経営に活かせているか

社長のなかには決算書は経理や税理士任せで、自分はノータッチという人がいます。このように決算書がよく読めない、興味がない社長というのも銀行としては気をつけなければいけません。数字が読めないということはどんぶり勘定であったり、感覚的に経営をしていて戦略・計画がなかったりすることが多いからです。

社長が数字が分かっているかどうかは「昨年度と比べてここの数字がだいぶ変動していますが、どうしてですか？」と尋ねると、すぐに分かります。数字が分かっている人は「仕入の物価が上がったので経費削減で対策したが吸収しきれなかった」とか「取引先が規模拡大しようとした影響でうちの納品数量が増えた。しかし一時的なものかもしれないので来期は分からない」というように具体的に数字の背景を説明できます。

また、決算書は一応チェックはするけれども売上の数字くらいしか見ていないという社

長も、数字に強いとはいえません。売上が伸びているから事業が順調だと言う社長がいるのですが、よく見ると経費も増えていて会社に残る利益はむしろ減っているというケースがままあります。銀行が注目しているのは「利益」なので、売上の増減は社長がこだわっているほど重要ではないのです。

決算書が読めないことのデメリットはほかにもあります。業績が低迷したときに何が原因なのかが分からず有効な手だてが打てないことや、客観的な自社評価ができないので強み・弱みが分からないこと、従業員による不正に気づきにくいこと、公開されている決算書を見て他社や業界の動きを先読みすることができないこと、ほかの経営者と対等に話ができないことなど、経営にとって重要なポイントが抜け落ちてしまいます。

【対策】損益分岐点と資金繰りだけでも押さえる

私が起業家向けの創業セミナーで話すときは、「最低限、損益分岐点と資金繰りだけは理解できるようにしましょう」と教えています。

損益分岐点というのは「売上がいくらか／固定コストは何がどれだけか／変動コストは

どうなっているか／売上とコストの差し引きで利益が出るラインはどこか」です。これが押さえられていないと、経費を多く使ってしまって最終的に赤字を出すなど採算の合わない経営になりやすいからです。

資金繰りというのは「手元に現預金がいくらあるのか／将来的に受け取れるお金（売掛金）はいくらあるか／支払い予定のお金はいくらか／資金ショートを起こさずに支払いができるか」の把握をすることです。

商売によっては納品してから数カ月後に代金が支払われることがあります。入金を待っている間にも事業は動いているので、借入金の返済や材料の仕入、社員の給与などさまざまなお金が出ていきます。このとき手元に現預金がないと支払いができません。つまり、帳簿上の売上は黒字なのに未回収のお金があるために資金ショートが起きる「黒字倒産」をしてしまう危険があるのです。

最近はキャッシュレスの時代になり、クレジットカードや電子マネーが支払いで多く使われるため、実際の入金が1カ月ほど遅れて入ってくるケースが増えています。現預金が少なく自転車操業をしている会社では、売掛金の回収が少し遅れただけですぐに資金ショートに直結しやすいので特に資金繰りには注意が必要です。日頃の運転資金を考えた場合には、手元資金は少なくとも月の売上の3カ月分は常に確保しておきたいところです。

【対策】顧問税理士に要点を教えてもらう

決算書の読み方については細部まで数字を把握できれば理想ですが、基本的なポイントが分かっていればそれで構いません。インターネットでも入門書でも今はたくさん情報があるので、お金をかけて勉強しなくても最低限の知識は手に入ります。自社の決算書を手元に置いて、テキストと実際の数字を見比べながら読むと理解が深まります。

顧問税理士がいる場合は決算期などに話す機会があるはずなので、直接教えてもらうと良いです。顧問料を払っているのですから、経営上の数字を教えてもらうことは当然の権利といえるでしょう。

顧問税理士のほうは「説明しなくても分かっているだろう」と思っていたり、「聞かれていないことを教える必要はない」とか「教えると失礼に当たるかもしれない」と思っていたりする可能性があります。いずれにしてもこちらから働きかけないと進まないことがあるので、遠慮せずに積極的に聞くのがベストです。

⑦ 時代に合ったビジネス感覚をもっているか

バブルの頃に創業した高齢社長に多いのですが、「昔の良かった時代」のイメージをひきずってアップデートできていないことがあります。昭和の時代は大量生産、大量消費、大量廃棄の世の中だったのでモノがどんどん消費され、作れば作っただけ売れました。特に経営の工夫や戦略などがなくても誠実に仕事をしていれば、ほとんどの会社が右肩上がりで成長して来られたのです。

その時代の成功体験があるゆえに今までのやり方を信じてしまい、「自分の経営は正しい」「誠実に仕事をしていれば報われる」「今は経済環境が良くない」と思ってしまいがちです。しかし残念ながらもう大量生産、大量消費、大量廃棄の時代ではなくなってしまいました。今はモノが売れなくなり、代わりに情報や体験により価値が置かれるようになっています。人々の価値観が有形（モノ）を手に入れることから無形（こころ）の充足に変わってきたのです。消費行動も昔は「みんなと同じものを持ちたい（自分も標準レベルの生活がしたい)」でしたが、今は「自分に合ったものを持ちたい(ライフスタイルの多様化、個性)」へと変化しています。また地球環境や資源の問題から、使い捨てよりも長く使えるものやリサイクルできるものを選択する時代になってきました。

それに、かつて日本のものづくりは世界一を誇っていましたが、今では中国や韓国に追い抜かれている製品があります。同じ製品を作るなら中国のほうが単価が安くでき、半導体ビジネスでは韓国のほうが最先端の技術力があるというのが世界共通認識となっています。つまり昭和のビジネス感覚ではもはや通用しなくなっているのです。それに気がつかないと、前時代的な仕事しかできず世の中から後れを取ってしまう、いわゆるガラパゴス化に陥ってしまいます。

【対策】販路開拓や新事業へのチャレンジを忘れない

対策としては「今の時代に合わせたビジネス」にチューンアップをしていくことです。今までと同じことをやり続けるのではなく、自社の良いところは残して古くなった部分や弱くなった部分を改良していくのです。そうすれば自社らしさは守りつつ新しく強く変わっていけます。いわゆる事業の再構築にチャレンジすることです。

分かりやすい例でいえば、老舗のカメラメーカーである富士フイルムは日本での写真フィルムではトップシェアをもちます。しかしデジタルカメラの台頭でフィルムが売れなくなり、２００６年から化粧品産業に本格参入しました。写真フィルムで培った精密化学のテクノロジーや研究力を活かして、アンチエイジングの肌ケアに効果の高い化粧品やサプリメントを生み出しています。今は化粧品コーナーに行くと有名ブランドと並んで富士フイルムの化粧品が置いてあり、業界で一定の地位を確立していることが分かります。

こんなふうに本業の経営資源（ヒト・モノ・カネ）を活かして自社が勝負できる分野を開拓していくというのが会社が成長し続けるための秘訣です。

経営資源が限られる中小企業や小規模事業者では大手企業のように大々的なチャレンジはできにくいかもしれませんが、自社でできるレベルで新しい挑戦や改革をしていくことは可能なはずです。

ピカピカの技術がなくても、多額の投資をしなくても、それぞれの会社の強みを活かしたチャレンジは必ずあるのです。それを見つけて実行していくことで銀行の見方や評価が変わってきます。

【会社訪問時に見ているポイント】

⑧トイレや仕事場がきれいに保たれているか

社員のデスク回りや書類棚、トイレなどが整理整頓されているかもチェックポイントです。トイレはわざわざ観察に行ったりはしませんが、会社訪問や工場見学をしていると1～2時間くらいかかることも普通なので、必然的にトイレを借りることになるのです。便器が黒ずんでいる、ペーパーの補充がされていない、匂いがこもっている、掃除用具が雑然と置いたままなどは印象が悪いです。

仕事場で気になるのはデスクの上や足元にたくさん書類が積んである、中に何が入っているのか分からない段ボール箱がたくさんある、棚がいっぱいで物が置けない、コード類が地面を這ってつまずきそうで危ない、部屋の隅や窓枠に埃が溜まっている、使い古しのパソコンが放置されていることなどです。

定期的に会社訪問をしていると、今まではきれいに整頓してあったのに、あるときから社内が雑然としだすといったケースに出くわすことがあります。そういう場合は往々にして事業になんらかの問題が発生しています。資金繰りが悪化して社長が資金調達に奔走し社内を見ていないとか、管理職が抜けてしまい整備が手薄になっているなど、何か仕事や管理に集中できない要因があるものと考えられます。

実際、私が担当していた会社でも「最近、社内の手入れが疎かだな」と気をつけて見ていると、間もなく業績が落ち出したというケースがありました。そのときは社長とすぐに連絡が取れたので返済計画の見直しや経営改善などをして事なきを得たのですが、もし対策が間に合っていなかったらと思うとゾッとします。

【対策】今は「抜き打ち訪問」はなし。だから準備をして迎える

銀行と取引をしていると銀行員が定期的に会社に訪問してきます。昔はアポなしの訪問も多かったのですが、今はどこの銀行も事前にアポイントを取ってから訪問するのが基本になっています。アポなしで行くと社長不在で会えなかったり、抜き打ち検査のようで心証が悪かったりするためです。銀行のほうも日常的に業務がいっぱいで、社長に突然来られても対応できないことが多く、お互いに「アポ取りしてから訪問する」というのが暗黙のルールになっていきました。ただし、取引が長くお互いに気心の知れた関係性のときは、「ちょっと近くまで来たので寄ってみました」とアポなしで顔を出すことはあります。

事前に来ることが分かっているという意味では迎える側は心の準備ができます。銀行から人が来るからといって特別に取り繕う必要はなく、普段どおりの様子を見てもらうのがいいですが、とはいえ客人を迎えるにあたって失礼のないようにしたいものです。社員に声を掛けて接客の用意をさせておくことや、必要な書類があるなら整えておくなど段取りよく進むように準備はしておくべきです。工場訪問の場合は工場責任者に案内や説明をしてもらえるよう取り計らい、資料やパンフレットなども渡せると喜ばれます。

【対策】会社に来る銀行員には営業担当と融資担当がいる

会社訪問の目的は事業の近況に変わりがないか、何かサポートできることはないかを確かめることですが、このとき外回りの営業が訪問する場合と融資担当が訪問する場合があります（銀行によっては1人の職員が両方を兼ねているケースもあります）。

一般の人にはどちらも同じ銀行員に見えると思いますが、実はそれぞれ役割が違います。外回りの営業は資産運用や顧客開拓が主な仕事で、銀行によっては外為や保険も扱います。融資の提案も行いますが、稟議には関わらないケースがあります。融資を受けたいという経営者の意思表示を確認したら融資担当につなぐことになります。

融資担当者は稟議書を作成して上席に回したり、行内の融資会議に出席したりなど実際の稟議に深く関わります。

これを理解して適材適所で使い分けると良いのです。会社で資産運用をしたいときには営業に相談すると力になってもらえます。融資成功のためには融資担当者との関係づくりが大切です。

⑨ 従業員の士気が落ちていないか、教育はできているか

会社を訪問する際に見ているポイントの1つとして、従業員の働きぶりがあります。顔

を合わせたときに気持ちよく挨拶をしてくれるか、身なりがきちんとしているかといった礼儀やマナーは社員教育がなされているかの判断ポイントになります。

また社員同士の関係が良さそうか、ギスギスしていないかもさりげなく見ています。関係性というのは目には見えませんが、社員同士のちょっとした会話や働きぶりなどを見ていれば空気感で伝わってくるものです。

全体の士気についても社員たちの態度や身なりを見ていると分かります。例えば電話が鳴っているのに受話器を取るのが遅い、デスクに向かっている姿勢がだらっとしている、仕事に集中していない、雑談が多いなどは、社員のやる気が低下しているサインです。一部の社員がそういう状態なのであれば個人的な問題かもしれませんが、全体のムードがそうなのであれば会社の業績にも影響してくるのでより気をつけなければなりません。

何度も訪問して社員と顔見知りになると気安く世間話もするので、社員の口から直接会社や社長への不満を聞くこともあります。「社長がワンマンで困る」とか「社内いじめで○○さんが辞めた」「給与の遅配があった。転職したい」などポロッとこぼすことがあるのです。銀行員はそれを聞き逃しません。こちらから秘密を漏らすように仕向けるようなことはしませんが、心安くなるとつい本音が漏れてしまうものなのです。

【対策】社内の評価制度を整備する

やる気のある社員、能力の高い社員を育て活かすためには、それぞれの能力や姿勢を評価する制度が必要です。昔ながらの中小企業・小規模事業者では年功序列で長く勤めると給料が上がっていく仕組みを取っているところが多いと思いますが、それでは志のある若手は満足させられません。「こんなに会社のために貢献しているのに認めてもらえない」「マンネリ化した年配社員より自分のほうが頑張っているのに給料が低い」となれば、やる気を失うのも当然です。もっと良い条件を提示してくれる会社があれば転職したくもなります。

勤続年数や役職で報酬が決まる旧来式は、社長にとっては機械的に評価ができるので楽ですが、それをやっている限り会社の資産となってくれるような「人財」は育ちません。個々の社員の会社への貢献度や向上心に応じて正当な評価や報酬を与えていける仕組みを早急につくるべきです。

⑩ 信頼できる右腕や経理がいるか

社長のサポート役となれる右腕や財務の詳細を把握している経理職員がいるかどうかも重要なポイントです。社長に何かあったときに代理になれる人材やお金の動きが分かっている人材がいないと事業が迷走してしまうからです。銀行から問い合わせがあったとき社長が不在でも代わりに応えてくれる人材がいれば、融資担当者も二度手間が省けて助かります。また、肝心の社長が経営やお金に疎いという場合でも、力のある社員（ブレイン）がいれば融資担当者はそちらと話をすればいいので話が早いのです。

会社の要となる社員がそもそも育っていない、あるいは以前はいたけれども辞めてしまったという場合は、銀行は事業承継を展望しても安心できないのです。

【対策】リーダー人材や経理を育てて経営に携わらせる

社長が経営に疎い場合はもちろん、しっかりしている場合でも右腕や経理は育てておくべきです。有能な社員には自分の仕事をさせるだけでなく、リーダーとしての自覚や経営的視点をもたせ、ある程度の裁量を与えると成長していけます。

特に右腕となる人材は将来的に後継者になれる可能性があるので、銀行は関心をもって見ています。できれば銀行に面談に行く際に右腕や経理の社員を伴い、融資担当者に紹介しておきます。早いうちから銀行と関係を結ばせておくことで、社長に何かあった場合でも引き継ぎがスムーズになり、取引を継続できる可能性が高まります。

⑪ 従業員の離職や休職が多ければ黄信号

従業員が次々に辞めていく、長期の休職をしている者が複数いる場合、その会社は要注意と見なして注視します。何か労務上のリスク（ハラスメント、過重労働、不当解雇など）を抱えていて社員が潰れている可能性があるからです。労務トラブルは昔は社員の泣き寝入りも多かったのですが、今は訴訟に発展するケースが少なくありません。そうなれば会社は損害賠償を請求されたり、社会的な評判を落としたりといったペナルティーを負うこととなります。損害賠償が多額になれば財務を圧迫しますし、社会的な評判が落ちれば取引先や顧客から縁を切られることもあるのです。

また会社にとって最大の資産である知的財産や技術、ノウハウは「人」によって培われていくものなので、人が定着しないということはそれらが蓄積されずに失われている状態です。離職した社員がライバル社に転職する例もよく聞きますが、他社に技術や情報が流出してしまえば自社の独自性が脅かされ、ライバル社に逆転されることもあります。

社員の顔ぶれが頻繁に入れ替わる、主要メンバーがいなくなっている、社員がいても士気が低く社長についてきていないなど、気がついたら融資担当者はすぐに稟議ファイルに記入し行内で情報共有をします。そして定性情報からの格付のランクを見直し、いつでも必要な対策が取れるように身構えるのです。

【対策】事態が悪化する前に融資担当者に相談を！

会社や経営者に何か良くない火種があるときは、早めに融資担当者に相談することが大事です。事態が悪化してからでは打てる対策が限られてしまうからです。

銀行と融資先の会社とは運命共同体です。融資先の会社が破綻でもすれば銀行もリスクなしでは済みません。ですから、銀行としては最大限の手を尽くして会社をサポートしたいと考えているのです。

もともと銀行が融資をするということは、その会社に「成長してほしい」という期待をかけて資金提供をしています。投資した以上のリターンがあることを「レバレッジ効果」といいますが、銀行にとって融資はまさにレバレッジ効果を狙った投資です。

しかし融資先の会社が業績悪化や経営破綻をしてしまうと、レバレッジ効果は失われてしまいます。これはお互いにとって不幸なことなのでなんとしても食い止めなくてはなりません。このとき会社だけでなんとかしようと思っても限界があり、ずるずると悪化してしまうことも多いのです。やはり困ったときこそパートナーである銀行の力を借りるのが得策です。銀行がもっている知恵やテクニックや人脈を用いれば最悪の事態から救うこともできるからです。

「銀行に業績悪化を知られるとまずい」「取引が不利になるかも」などと思わずに、打てる手があるうちに相談すれば必ずサポートがもらえます。経営の良いときも悪いときも伴走できるのが理想的な銀行との付き合い方なのです。

【事業について見ているポイント】

⑫ 会社のホームページがあるか、活用できているか

２０００年頃にネットバブルが起きて20年が経ち、情報収集の多くをインターネットに頼る時代となりました。各企業もホームページの充実やウェブマーケティングに力を入れていますが、その一方でホームページのない会社も存在します。融資担当者は稟議書を書く前にその会社がなんの事業をしているかを調査しますが、このときネット検索で会社のことを調べます。ホームページがあれば必ず見て情報をチェックしますし、帝国データバンクの企業情報なども閲覧します。このとき「ホームページがない」「一応はあるが内容が薄い」「作りっぱなしで何年も更新していない」などはマイナスに働く可能性があります。

ホームページがない、活用できていないことのデメリットは主に5つあります。

- 集客や新規取引先の開拓への意欲が低い会社だと判断されてしまう
- ホームページにお金や人を割く余裕がない会社だという印象をもたれる

- 就活もホームページを見て企業選びをする時代なので、優秀な人材が集まりづらい
- 宣伝広告費や電話対応などの人件費が多くかかり非効率
- ＩＴ時代、グローバル時代のビジネス感覚に欠けている証拠と思われる

【対策】ホームページやＳＮＳでの情報発信を積極的にする

世間一般では「今の時代、ホームページくらいあって当たり前」の感覚になっています。就活の界隈では「ホームページがない会社は怪しい」という噂さえあるくらいなのです。インターネットが普及し始めた初期の頃はホームページ制作に多額の費用がかかったため資金力のない小さな会社にはハードルが高かったものですが、今はそうではありません。簡単なサイトならフリー素材を使って自作することもできますし、専門業者に発注しても単価が下がっています。作ろうと思えば作れるのに、その費用を惜しむくらい財政が厳しい会社なのではないか、外への意識をもたない閉鎖的な会社なのではないかといった勘繰りをされると損をします。

知名度のない会社やニッチな事業をしている会社ほどホームページやＳＮＳで情報発信

をしていくべきです。自社の事業内容や企業理念を広く知ってもらうことでファンが増えたり、新規の取引先から声がかかったり、リクルートに役立ったりなどします。また、ホームページやＳＮＳを見た人からの反応が返ってくることでニーズの把握や自社の強み弱みの分析などができ、マーケティング戦略に活かすことができます。

例えば農家がホームページを通じて、農協を通さずに直接物販をする例も増えてきました。こだわりの米をコストをかけて作っても農協に卸せば普通の米として買い取られ、その他一般の米と混ぜられて販売されてしまいます。しかし自社のホームページやＳＮＳ内で通信販売をすればこだわりがアピールでき、それに共感してくれるお米好きの消費者に届けることができるのです。「おいしかった」という感想やリピートがあれば生産の苦労が報われ、自信につながるに違いありません。価格も自由に決められるのでコスト回収も可能です。

これからの時代は生産者と消費者を直接結ぶマーケティングがさらに活性化していくといわれているので、その流れに乗り遅れないようにしたいものです。

⑬ 取引先やエンドユーザーは誰なのか

銀行は融資する会社を単独で見ているのではなく、事業モデル全体を俯瞰的に見ようとしています。どういう仕入先および納入先があり、それぞれの相手とどのような取引をしているのか、モノやサービスをつくっている会社では最終的なユーザーは誰なのかといったことです。

例えば自動車部品のメーカーとひと口にいっても、1台の車を製造するにはたくさんの部品メーカーが関わっています。1次メーカー（下請け）なのか、2次メーカー（孫請け）や3次メーカー（ひ孫請け）なのかによっても事業の規模や将来性、仕事に対するモチベーションは変わってきます。

孫請けやひ孫請けになると身近な仕入先や納入先との関係に意識が向きがちで、事業全体のことまで目が届かないケースも多いようです。今いる取引先を大事にすることはもちろん大切なことですが、もし取引先が倒産したり取引をやめると言ってきたら、自社も影響を受けます。今は大手でも経営不振や倒産は珍しくない時代ですから、親会社に依存したビジネスモデルでは「突然契約を打ち切られて明日から仕事がなくなる」というリスクが常に付きまとっているのです。

だからこそ自立が大事なのですが、そこに問題意識がない会社も多くあるのです。そういう会社はせっかくの技術があっても末端の仕事に甘んじてしまい、「今のノウハウを応用して別ジャンルの仕事ができるかもしれない」という発想はなかなか生まれません。また、与えられる仕事を受け身でやっていると仕事に誇りや向上心をもちにくいので、社員が育ちにくいというデメリットもあります。

自社の仕事だけで満足し、事業全体の流れを意識してビジネスチャンスを探っていくことができない会社は、銀行にとって魅力的には映らないということなのです。

【対策】ビジネスモデル俯瞰図を描いてみる

事業全体の流れを意識するためには「ビジネスモデル俯瞰図」を描くと良いです。ビジネスモデル俯瞰図には決まったフォーマットはありませんが、例えば左の図のようなイメージです。原材料がどこから入ってきて、どこでなんの部品が作られ、どこに集められ

自動車部品メーカーのビジネスモデル俯瞰図の例

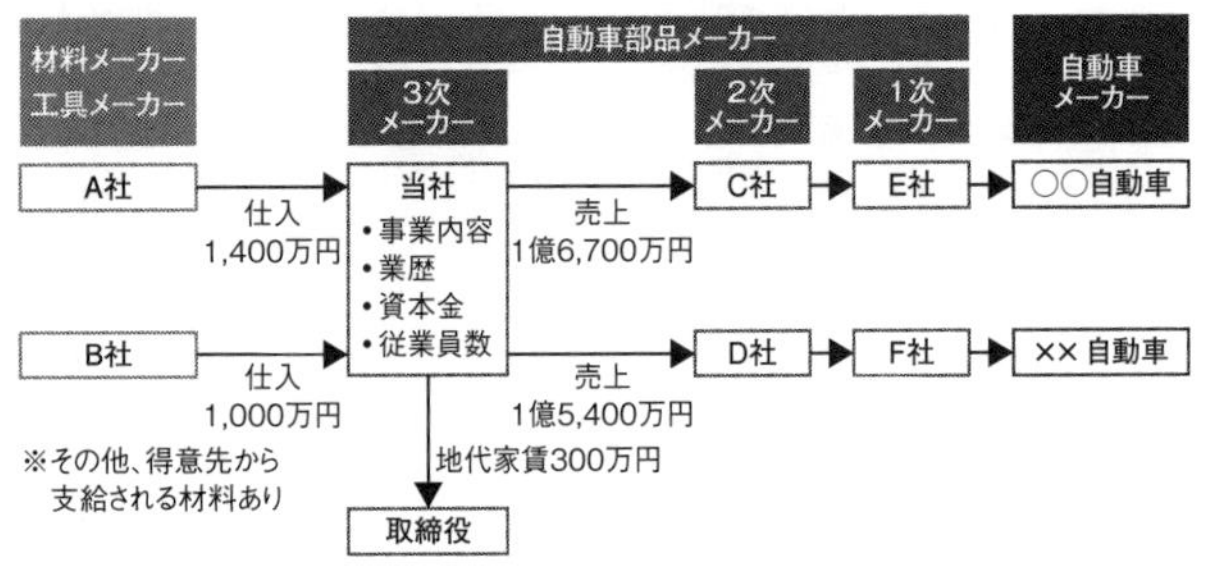

中小企業基盤整備機構「認定支援機関向け研修資料」をもとに作成

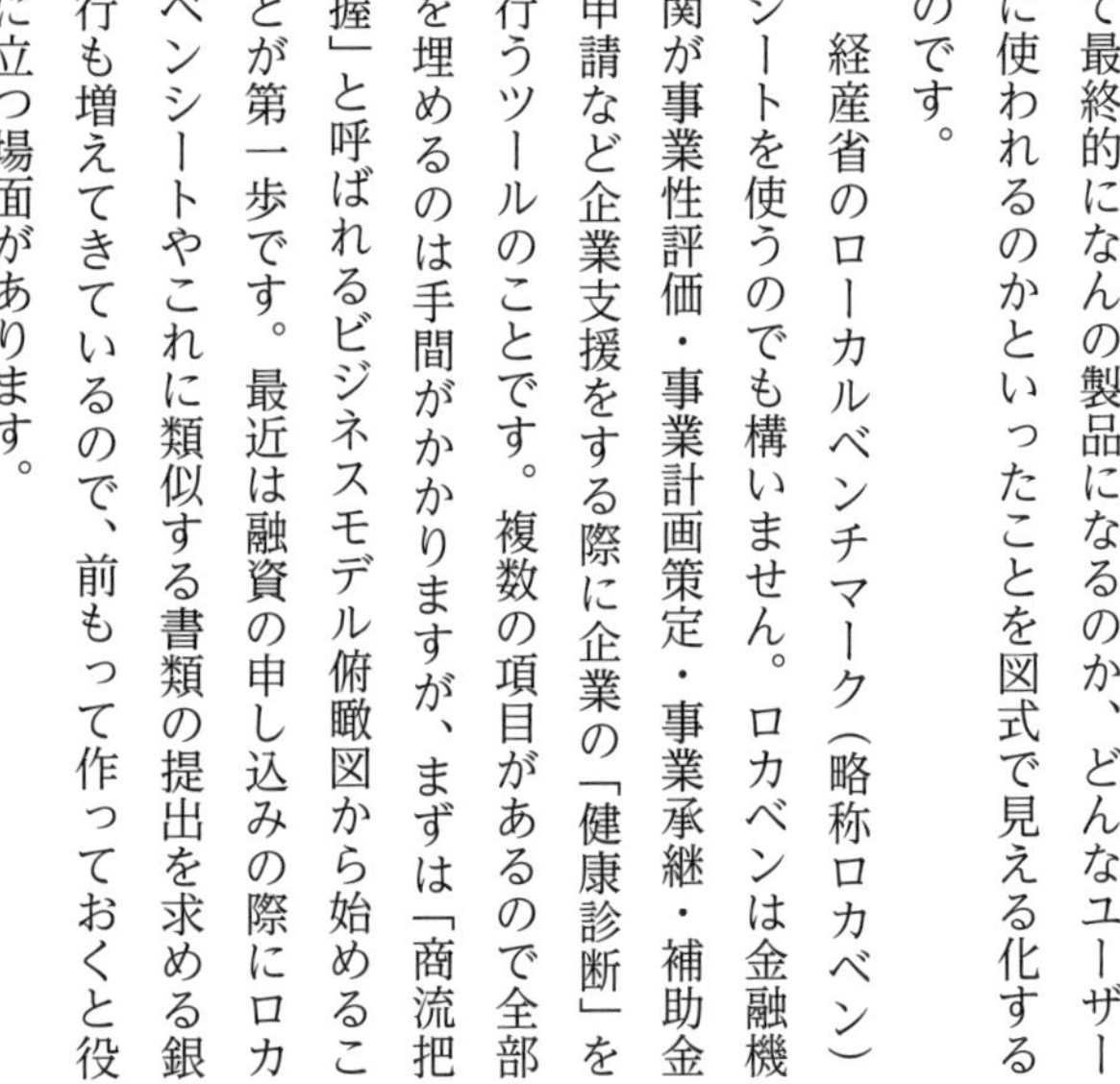

て最終的になんの製品になるのか、どんなユーザーに使われるのかといったことを図式で見える化するのです。

経産省のローカルベンチマーク（略称ロカベン）シートを使うのでも構いません。ロカベンは金融機関が事業性評価・事業計画策定・事業承継・補助金申請など企業支援をする際に企業の「健康診断」を行うツールのことです。複数の項目があるので全部を埋めるのは手間がかかりますが、まずは「商流把握」と呼ばれるビジネスモデル俯瞰図から始めることが第一歩です。最近は融資の申し込みの際にロカベンシートやこれに類似する書類の提出を求める銀行も増えてきているので、前もって作っておくと役に立つ場面があります。

⑭ 業界動向やトレンドなどビジネス環境はどうか

融資の審査ではその会社を取り巻く環境にも目を向け、業界の動向や社会のニーズにも注意を払います。業界そのものがこれから成長が見込めるのか、それとも縮小傾向か、すでに衰退しているかによってその会社の将来性の評価が違ってくるからです。また社会のニーズの変化を見て、時代に合った事業になっているか、変化に合わせて変わっていける余地があるかも見ています。業界が縮小傾向であっても、ニーズがある事業なら成功する可能性はあります。

業界動向を調べる情報源は、日本経済新聞です。業界全般を見るには「業種別審査事典」や帝国データバンクが発行する「TDB REPORT」（約100の業界についての動向を掲載）、日本経済新聞社の「日経MJトレンド情報源」などを参考にするほか、個別の産業を調べる際には公の統計を見たり、市場規模や業界展望をまとめたサイトをリサーチしたりなどします。

【対策】業界やニーズを把握し、話題に答えられるようにする

融資担当者は稟議書を書くために「どんな事業か」を掘り下げて聞きます。その際に業界の動向や世の中のニーズも話題に上る場面が出てきます。このとき自社の立ち位置や業界の動きが分かっていないと話についていけず、融資担当者としては「収穫なし」になってしまいます。

融資担当者に必要な情報を与え、「先の読める社長」と認めてもらうには、社長自身が業界のことや社会の動きを勉強して、自社としてどういう戦略でいくかを語れるようになっておくことです。深くて難解な話をしろというのではなく、常識的なことを押さえたうえで「社長なりの分析」や「業界人なりの意見」が言えることが大事なのです。飲食店なら「健康志向の高まりに合わせてオーガニック食材を使っていく」とか「客がSNSに載せたくなるような驚きのある味やビジュアルにこだわっていく」などが挙げられます。

融資担当者は必ずしも業界に明るいわけではありませんから、この社長はよく考えていると思わせることができれば信頼を得られます。

⑮ 取引先や近所での会社の評判はどうか

銀行は地域の商工会や公的機関、民間会社など幅広い付き合いがあるので、さまざまな評判が自然と伝わってきます。例えば地域貢献の目的で商店街のお祭りにスポンサーとして参加し、会場設営や当日の運営の手伝いなどにも行きますが、そういうとき「○社の社長が今年度で引退すると言っている」「今度○社に入った取締役はやり手らしい」「あそこのテナントに新しい事務所が入る。この前、契約に来ていた」などの会話が交わされるのです。別に聞き耳を立てているわけではないのですが、銀行員はそうやって自然に聞こえてくる情報をキャッチして取引に活かします。

良い評判が聞こえてくると安心ですが、悪い噂や心配な情報が流れてくると真偽を確かめなくてはなりません。あくまで噂話なので鵜呑みにはできないからです。私の場合は噂になっている会社の社長に電話をして「こういう話をちらっと耳にしたのですが、実際のところはどうですか」と率直に聞くスタイルでした。遠回しに詮索するより、本人から喋ってもらったほうが早く正確な判断ができるからです。

【対策】地域のコミュニティーに積極的に参加する

銀行との接点を増やすという意味では、商工会や経営者サークルなど地域のコミュニティーに参加することが役立ちます。イベントなどを通して銀行員と親しくなれば、いろいろな相談もしやすくなります。融資の際にも一から自社情報を説明する手間が省略でき、スムーズに審査に入っていけます。

また銀行と信頼関係が築ければビジネスマッチングのチャンスが出てきます。自社の事業内容と相性や親和性の良い相手を紹介してもらうことでシナジー効果が生まれ、お互いに成長していけます。中小企業や小規模事業者の場合は地域に根差したビジネスをしていかねばなりません。地元で愛されない会社は業績も伸びないし寿命も短い傾向があるのです。銀行対策はもとより地域との関係づくりとしてもコミュニティー参加は大切です。

融資担当者まかせではダメ。「二人三脚」の意識が大事

融資審査において融資担当者が書く稟議書の内容が結果に影響することは間違いありません。その意味では筆力のある融資担当者に担当してもらえると有利にはなります。ただ

し、この担当者とは合わないと思っても、よほどのことがないと「別の人に代えてくれ」とは要望できません。そんなことをすれば、たちまち銀行から事情聴取があり、何度かあるとクレーマー扱いをされかねません。大事なのはどんな担当者に当たってもできるだけ良好な関係を結ぶことです。

どんなに優秀な融資担当者でも情報が足りていなければ中身の薄い稟議書にならざるを得ず、上席を納得させることはできません。逆に経験の浅い融資担当者でも十分な情報があれば説得力のある稟議書を書き上げることができます。つまり、自分から担当者にいかに情報提供できるかが鍵なのです。融資審査ではスタートからゴールまで融資担当者と二人三脚で走り抜ける気持ちで臨むべきです。

［第4章］

決算書、事業計画書、資金繰り表……融資審査を通過する書類作成㊙テクニック

決算書を見れば会社のお金の動きが分かる

融資審査でお金の動きを把握するために最も重要な資料といえば「決算書」です。

貸借対照表では、その会社が現在どのくらいの資産を有しているか、どのくらいの負債を抱えているかなどの財務状況が分かります。損益計算書では収益・費用・利益が示されており、会社の営業成績を把握できます。

そしてそれよりも大事にしているのが勘定科目内訳明細書です。勘定科目内訳明細書は損益計算書の数字の裏付けや背景を知ることができる資料だからです。

これらの決算書の読み取りによって定量的な「収益性・安全性・成長性」を算出し、その会社の格付を行うのです。決算書のデータ分析のことを銀行では「決算モニタリング」と呼んでいます。

決算書3期分の提出は必須。赤字があっても隠さないこと

融資の申し込みでは決算書の提出は必須なので、融資担当者から求められる前に持参す

るのがベストです。新規取引の場合は3期分、既存取引の場合は最新の年度のものが基本です。

赤字が多いなどの理由で「過去の決算書を見せるのが嫌だ」という社長が時々いるのですが、隠すより正直に見せてもらったほうが銀行は安心します。下手に隠されると「何か不正経理をしているのでは」「見られて都合の悪いことがあるに違いない」と勘繰ってしまい、かえって不信感を招く恐れがあるのです。

今の銀行は「赤字があるから即アウト」という単純な評価はしません。赤字が今は改善されている、今後は改善していけるということがきちんとした根拠とともに示されれば、それを加味して将来成長性を評価します。赤字があることよりも、それを改善する手立てがないことのほうが銀行としては問題なので、そこさえクリアできれば融資の可能性はあるのです。今後の事業計画や事業にかける強い想いを語り、融資担当者を納得させることが一つのポイントになります。

「決算書がゴール」の社長と「決算書からスタート」の銀行の意識のずれ

決算書を見ながらの面談では、社長と融資担当者とが互いに協力することが重要ですが、しばしばそれが難しいと感じるときがあります。というのも、お互いの意識のずれを感じる場面があるからです。

決算書を作成するのは労力のいることなので、社長は決算書が出来上がって税務署に申告すると、「今年も無事に終わった」とゴールを切った気持ちになるようです。しばらく解放感を味わったら、次は来期に向けてまた走りださねばなりません。つまり、決算書を銀行に持ってきた時点で社長の意識は次の年度に移っているのです。

それに対して銀行は決算書を受け取ってからがスタートです。決算書を細かく分析して事業性や返済能力を割り出していかねばなりません。

この両者の意識のずれは思いのほか大きいと感じます。融資担当者は「この数字はなぜこうなっているのですか」など気になる点を社長に質問しますが、社長にとってはすでに「過去の数字」なのであまり興味がもてません。答え方にも身が入っていなかったり、「今さら、過去のことを言われても……」と言いたい気持ちが垣間見えたりします。そういうとき、こちらも「ああ、面倒くさいと思われているのだろうな」「細かい人間だと思われているな」と思ってしまいます。

こういう気持ちのすれ違いがあると変な距離感が生まれ、聞きたいことが聞けなかったり、伝えたいことが伝えられなかったりすることが多くなります。二人三脚で走るためには距離感はないほうがいいことはいうまでもありません。お互いに相手の立場を理解し、歩み寄る姿勢が大事になってきます。

最初に融資担当者が見るのは「自己資本比率」

融資担当者は決算書を受け取ったその場で、ざっと数字を見て会社の経営状況を把握します。表面的には和やかに社長と雑談をしているのですが、頭のなかでは素早くそろばんを弾いているのです。

何を計算しているかというと、利益や借入金の額から「いくらまでなら貸せるか」の可能性を割り出しています。経験があり力のある融資担当者になると、その場で融資の可否

賃借対照表と損益計算書の見方

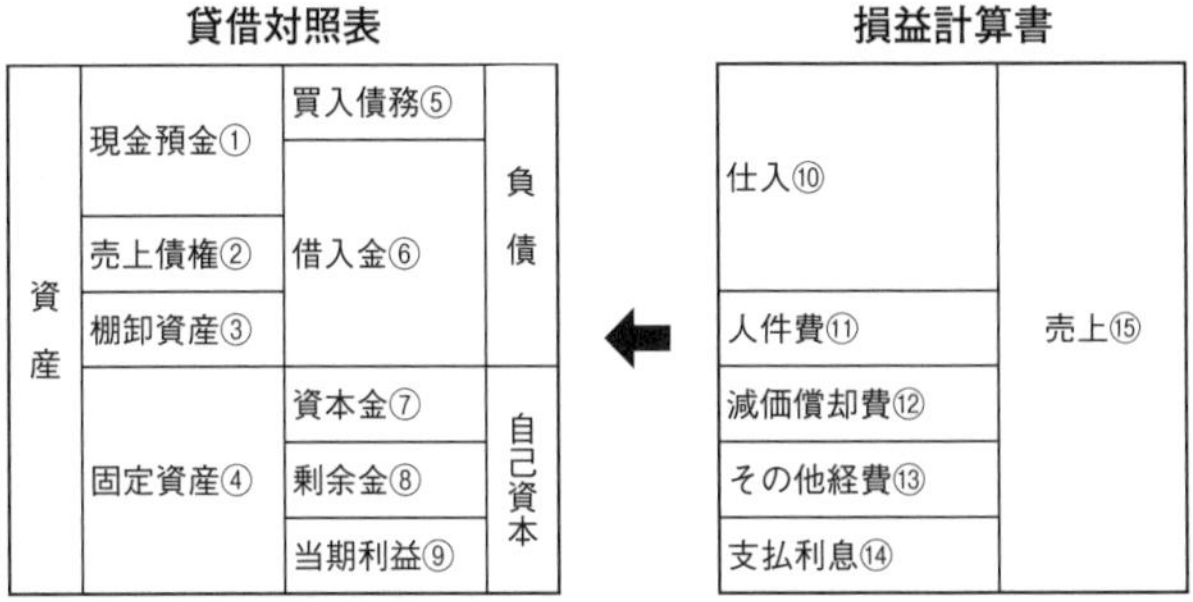

貸借対照表

資産		負債・自己資本	
資産	現金預金①	買入債務⑤	負債
		借入金⑥	
	売上債権②		
	棚卸資産③		
	固定資産④	資本金⑦	自己資本
		剰余金⑧	
		当期利益⑨	

⬅

損益計算書

仕入⑩	売上⑮
人件費⑪	
減価償却費⑫	
その他経費⑬	
支払利息⑭	

※著者作成

をかなり正確に判断できます。融資できる可能性が高いときは具体的な融資の売り込みをしますが、可能性がなければ世間話だけで終わることもあります。生々しい話ですが、実際に面談ではそういう駆け引きが行われているのです。

具体的に決算書のどこを見ているかですが、最初に損益計算書で黒字か赤字かをチェックしたら、あとは貸借対照表をじっくり見ます。損益計算書はその期の成績を表していますが、貸借対照表は過去の分も含めた積年の成績表になっているからです。

損益計算書と貸借対照表を簡略化したものが上の図です。損益計算書は右半分が売上で、左半分は売上を出すために使った経費などが書かれています。そして売上から経費類を差し引いた利益が、貸借対照表の右列一番下の当期利益⑨になります。

貸借対照表は3つのブロックに分かれていて、左側が「資産」の部、右側が「負債」と「自己資本（純資産）」の部。左（資産）と右（負債＋自己資本）の金額は必ず釣り合うようになっています。このことから貸借対照表をバランスシート（B／S）とも呼びます。

● 資産とは会社が保有するすべての資産のことです。集めた資産がどのように保有・運用されているのかを示します。
● 負債は他人のお金で、返済や後日支払いなどでいずれ出ていくお金です。そのためマイナスの資産と見なします。
● 自己資本は自分のお金なのでプラスの資産です。損益計算書の当期利益の数字は、貸借対照表の⑨にそのまま転記されます。余剰金は過去の利益を積み上げたものです。

これらの数字から銀行が割り出すのは、「自己資本比率」です。全体の資産のなかで返済不要の自己資本がどれだけあるかを見ることで、経営の安定性が分かるのです。自己資本比率は「自己資本÷総資産（負債＋自己資本）」で求められます。資産が1億円、負債が8000万円、自己資本が2000万円とすると、自己資本比率は20%となります。業種によっても違いがありますが、融資の基準でいうと一般的に20%が合格ラインです。20%を切るような会社は融資の可能性が低くなります。

次に割り出すのは「借入金の返済年数」

次に見るのは借入金の返済年数です。現時点で借入しているお金を今の収益力で返済していった場合に何年かかるかを見るのです。

主に次の2つの計算式があります（丸で囲んだ数字は106ページの図の数字と対応）。

A 借入金⑥÷（当期利益⑨＋減価償却費⑫） ※3期の平均値を使うこともある

B（借入金⑥－現金預金①）÷（当期利益⑨＋減価償却費⑫） ※実質借入金ともいう

AとBの違いは現預金を加味するか・しないかです。借入金が7000万円で、当期利益＋減価償却が600万円だった場合、Aで計算すると返済に11・2年かかります。

しかし、この会社が現預金を4000万円もっていたとすると、その4000万円を返済に充てることが可能です。そのためBでは借入金から現預金を引いた残高を用いて計算するのです。すると返済年数は5年となります。

銀行ではBの計算式で検討することが多いです。返済年数が10年以内であれば格付の良い会社なので、5年ならますます良好なグループに入ります。最長で20年程度を目途に検討可能ですが、それ以上になると銀行は融資を見送ることが多いです。

自己資本と現預金を増やす意識をもって経営する

自己資本比率と返済年数は、いわば融資の可否を振り分ける第一関門です。数字が悪いとなかなかその先には進めません。日頃から自己資本比率と返済年数を意識して、決算書の数字を良くする努力が大事です。

自己資本を構成する要素のうち資本金と余剰金は一気に増やすことが難しいですが、当期利益は頑張れば増やすことができます。意識してほしいのは「節税を控えて会社に利益を残す」ことです。

節税をし過ぎると良くない理由は、会社の利益を搾り取ると必然的に利益や現預金が少なくなってしまうからです。現預金があるのとないのとで返済年数が違ってきますから、融資を有利に進めるうえでは現預金は多めにもっておくに越したことはないのです。

勘定科目内訳明細書は徹底分析される

融資担当者は決算書を受け取ると、社長が帰ったあとに自分のデスクに戻り、さっそく全部に目を通します。決算書は50ページくらいあるのですが、経験値の高い担当者になると30分くらいでひと通りのチェックができます。そこで気になる数字があれば「なぜこういう数字になっているか」を附属明細や過去の決算書などと比較して検討するのです。このときいちばんよく使う附属明細が「勘定科目内訳明細書」です。

勘定科目内訳明細書は法人税申告をするときに提出義務がある添付書類の一つです。税務署が会社の財産や取引状況の把握をする目的で使われますが、融資の場でも精査します。

勘定科目というのは、日々の取引を複式簿記によって記録する際に使われる会計上の項目のことです。郵便代や電話代は「通信費」、パソコンや書類棚（10万円以上）は「器具備品」という具合に16種類の項目ごとに分類されています。この勘定科目内訳明細書においてチェックしている部分は、主に次のようなポイントがあります。

●売上・利益の推移

売上、売上総利益、営業利益、経常利益の値の推移を見て、増加傾向か減少傾向かなどをチェックします。急増や急減がある場合には、その要因について社長にヒアリングします。ここで裏付けのある理由を語れないと「数字が読めない」「事業分析ができていない」として評価が下がります。

●現預金の残高

現預金の残高が増加傾向か減少傾向か、売上規模に見合う水準かもチェックします。一般的な水準より少ない場合は資金繰りがひっ迫している可能性があると見ます。また、預金が多い分にはあまり問題にならないのですが「現金」が過大な場合は注意してよく調べます。粉飾の可能性があるからです。

ちなみに預金口座はどこの金融機関にあるかなどを見て、他行との取引状況にも気を配ります。

●売掛金の状況

売掛金が平均月商に対して何カ月分あるか、3期分の売掛金明細を確認して同じ取引先の売掛金が残ったままになっていないかもチェックします。売掛金が長期間にわたって回収されていないということは、不良債権になっている可能性があるためです。

また売上の回収条件から算出される推定残高と比較して、高過ぎないかをチェックします。

●棚卸資産の状況

棚卸資産（在庫）が急増していないか、回転期間「棚卸資産÷（売上原価÷12）」が長期化していないかなどをチェックします。特に不良在庫の有無や発生可能性などについて入念に調べます。

例えばアパレルは基本的に4カ月を超えないのがラインです。ファッションは季節を跨ぐと主要商品が替わってしまうため、現金化できる可能性が低い「不良在庫」になってしまうという理由からです。

●減価償却費の計上

償却資産に対して適正に減価償却費が計上されているか、税務申告書の「別表16」でチェックします。償却不足の場合は、利益を水増ししているといった見方になります。

●雑勘定

貸付金や仮払金の発生をチェックします。中小企業・小規模事業者では役員報酬を払えなくて貸付金にするケースや、費用にできずに仮払金が残っているケースがよくあります。過剰な貸付金・仮払金は資産として認められません。社長個人が使うお金を仮払金として処理している場合など、会社と個人のお金の区別が付いていない証拠であり問題です。

決算書に加えて「事業計画書」を提出すると成功率が上がる

決算書にプラスして「事業計画書」を持参すると効果的です。事業計画書とは今後の事業をどのように運営していくのか、目標を示してそれを達成するための具体的なアクションを掲げた計画書のことです。いわば社長の頭のなかにある事業イメージをアウトプットしたものです。

社長のビジョンを明文化し社内で共有することで、社員たちが同じ目標に向かって一致団結できるメリットがあります。また、銀行や投資家に提示することで「どのような事業をなんのために進めようとしているのか」「この事業によって何ができるか」をアピールするのに役立ちます。

事業の内容や目的は口頭で説明することもできますが時間がかかりますし、必要なことが伝わり切らないこともあります。融資担当者が知りたい内容を的確にまとめた事業計画書を提出できれば心証も良く、審査期間を短縮したり融資成功率を高めたりできるのです。

事業計画書は普通、銀行側が求めない限り自主的に提出することはありません。そもそも事業計画書を作成していない会社のほうが中小企業・小規模事業者では多いのです。また本来は3年計画や5年計画をつくっておくべきものですが、1年分しか作っていないというケースもよくあります。事業計画を立てていない、単年しか作っていないという場合、どうしても事業が行き当たりばったりになったり、目標や行動が分からないので社員が自己判断でバラバラに動いてしまったりしがちです。

今までは事業計画書がなくても日々の業務を積み重ねていくことでなんとかなっていた会社が多いのだろうと思います。世の中の景気が良かった時代はそれでも成長してこられました。しかし、これからはそういう時代ではないので、戦略や計画がない会社については銀行は用心して審査が厳しくなります。

事業計画書は3~5年先まで記入。それぞれの数字に根拠をもたせる

事業計画書はA4サイズで3~5枚程度にまとめます。あまり分量が多いと読むのも理解するのも大変なので、要点を分かりやすくコンパクトにまとめるのが親切です。

事業計画書には決まったフォーマットはありませんが、例えば東京信用保証協会のホームページからダウンロードできる経営改善計画書などが参考になります。

全部で3ページ構成になっており、1ページ目は経営上の課題と改善策、2ページ目は今後3年間の売上・利益、借入残高の見込み、3ページ目は経営目標に向けた行動計画(具体的なアクション)を書きます。

これに従って項目を埋めていくと、おのずと具体性と実効性のある事業計画書に仕上が

りますが、自社で書式から作っている会社も多くあります。銀行側としては要点さえ押さえられていればどちらでも構いません。

自社で作る際の注意点としては、数字に整合性をもたせることです。「売上5％増加」「売上100万円アップ」と掲げるのは良いのですが、なぜ5％なのか、どうやって達成するのか、本当に実現可能なのかといった根拠づけが書かれていない場合も多いのです。それでは絵に描いた餅になりかねません。

こういう場合、融資担当者は社長からヒアリングをして空白の部分を埋めていく作業をしなければなりません。空白だらけや根拠なしの書類を稟議に回しても融資担当課長からダメ出しをもらって、やり直しになってしまうだけだからです。融資担当者は一つひとつの項目を掘り下げて質問し、数字を具体化するために大変な労力と時間を払うことになるのです。

だからこそ、きちんとした事業計画書を自主的に提出してもらえると負担が減って助かります。ほかの会社がやらないことをすることで良い意味で目立つことになり、「社内体制がしっかりした会社」「協力的な会社」として評価もアップするのです。また融資担当

事業計画書の作成例

計画終了時の定量目標および達成に向けた行動計画等

（定量目標）
売上総利益率２％改善

（行動計画等）
≪通期で取り組む事項≫
・競合店の情報収集を怠らず、特売品などにおいて差別化を図る（無謀な安売り競争は避ける）。
≪今期～計画1期目≫
・採算分析についてのノウハウが乏しいため、支援機関の支援を得ながら、まずは表計算ソフトで管理・分析用のフォーマットを作成する。
・お客様が少しでも長く店にとどまり、心地良く買い物ができるよう、5Sチェックシートの見直しを行う。
≪計画2期目≫
・採算管理・分析について手法や蓄積されたデータの検証
・ロス率などの管理面も弱いため、各チーフの意見を持ち寄り、値引きに関するマニュアル類を整備する。
≪計画3期目≫
・採算管理・分析について手法や蓄積されたデータの検証
・売上総利益率改善のための提案を正社員・パートかかわらず広く募り、効果が見られた場合の報奨金制度の導入を検討する。

（定量目標）
有利子負債キャッシュフロー倍率10倍以内（キャッシュフローは便宜「当期利益＋原価償却費」とする）

（行動計画等）
≪基本方針≫
・上述の売上総利益率改善のほか、経費見直し（削減と効率的分配）を行う。
≪今期～計画1期目≫
・役員報酬を月90万円から80万円に減額（今期下半期より実施済）し、計画期間中継続。
・消耗品費や交際費など自助努力で削減可能な経費は限度額と責任者を定め、支出ルールを策定する。
≪計画1期目～計画3期目≫
・広告宣伝費については、広告量の減らし過ぎによる逆効果が出始めているため、H24/2期実績並みに戻すこととする。

認定経営革新等支援機関の所見（計画策定支援を行っている場合）

・業歴が長く、パートも含め従業員の定着率が比較的高いこともあって、これまで「経験と勘」中心の経営であったが、今般の計画策定にあたり、代表者や各チーフからは、従来のスタイルから脱皮しようとする確固たる決意を感じる。計数管理、経営の「見える化」については当部署（経営サポートチーム）が全面的にバックアップを行う。
・採算分析用のフォームについては、会社側とディスカッションを続けており、近日中に完成する見込み。
・売上はほぼ「現状維持」の計画であるが、競合店はかなりの脅威であり、この水準を維持するのも相当な努力を要すると考える。この点の認識については社長とも共有できている。

（機関名）◇◇◇信用金庫　審査部　経営サポートチーム　　（担当者名）〇〇　〇〇

※著者作成

者の仕事のスピードアップができるので早く稟議に回せて審査期間が短縮されます。

銀行から「事業計画書を作って提出してください」と言われてから作り始めると、2週間くらいは軽くかかってしまいます。一度提出し要領を得なければ修正をしていくと、それだけでも1カ月くらいかかってしまうので事前に作っておくことが大事です。

ちなみに、銀行からの求めを受けてから提出した場合は、「融資を受けたいから仕方なく応じた」という印象になりやすくプラスには働きません。提出期限に遅れれば「ルーズな会社」というマイナスの印象を与えてしまいます。第一印象を良くするというのは、書類審査においても大切なのです。

4半期ごとに「試算表」を提出し近況報告をする

銀行は取引先の会社の経営状況をリアルタイムで知りたいと思っています。そのため試算表を4半期に1度の頻度で提出してもらえると、数字の動きが確認できて安心します。

半年に1回くらい提出してくる会社はあるのですが、本音を言うともっと短いスパンで見たいと思っています。経営は生き物なので数カ月で状況が大きく変わってしまうこともあります。できるだけ頻繁に数字の動きをキャッチして、変化の予兆がないかを確認したいのです。

試算表はわざわざ銀行まで持っていかなくても、メールや郵送で送っても構いません。経理に銀行に送るよう頼んでおけば社長の手を煩わせることもないので負担は少ないはずです。費用も掛からず少しの手間だけで銀行の信頼を高めることができるのなら、実践しない手はありません。

「資金繰り表」が出せる会社は一目置かれる

損益計算書を補完するものとして「資金繰り表」も作っておくとベストです。損益計算書と実際の現金の動きはタイムラグがあり、必ずしも一致しないからです。損益計算書に書かれている数字は「発生主義」なので、モノやサービスが売れた時点で売上として加算します。これから入ってくる予定の売掛金も売上に入っているのですが、実際には会社には入金されていません。

資金繰りを表す書類にはキャッシュフロー計算書もありますが、これは過去の業績から資金の増減の原因を分析するのに使うので少し目的が違います。銀行が欲しいのは実際のお金の動きが分かる資金繰り表なのです。

資金繰り表を作っている会社は中小企業・小規模事業者では多くないですが、あえて作ると有効に働きます。

先に挙げた試算表もお金の動きを予測する資料の一つですが、これは決算の確定作業に入る前の途中段階に作成するもので多くの会社が作っています。20年前は決算を手作業でしていたので試算表を作っている会社は少なかったのですが、今はパソコンで管理している会社がほとんどなので、融資担当者が「試算表を見せてください」と言えばすぐに出てきます。そのため有難みはさほどありません。

しかし資金繰り表は中小企業や小規模事業者に作成の義務はなく、作っていない会社のほうが圧倒的に多いため、あえて作って提出することで銀行に「金融リテラシーの高い会社」であることを印象付けることができます。つまり、「お金の管理ができる、すばらしい会社だ」と高く評価してもらえるのです。さらに資金繰り表どおりに経営ができていると、より信用度が上がります。

資金繰り表の作成例

前月残高＋収入－支出＝月末残高

会社名	XXXX株式会社
会計年度	20XX年3月期
単位	千円

項目ごとの「収入」－「支出」

	4月		5月	
	予算	実績	予算	実績
前月繰越	500	500	1,200	1,150
経常収支（経常収入－経常支出）	450	350	350	350
非経常収支（非経常収入－非経常支出）	−700	−650	−500	−500
財務収支（財務収入－財務支出）	950	950	−100	−100
当月収支	700	650	−250	−250
次月繰越	1,200	1,150	950	900

「経常収支」「非経常収支」「財務収支」の合計

※著者作成

業績の悪い会社は現実を見たくないという思いからか、資金繰り表作りを避けがちですが、本当は業績が悪いほど作っておくべきです。というのも短期の融資（運転資金のための融資）を受けたいときに資金繰り表が必要になってくるからです。銀行は資金繰り表で状況を把握し、「確かにこの月は資金繰りが厳しそうですね」と納得すれば「では、この月を無事に乗り越えられるように○円貸しましょう」「○カ月後には回復してくるので、ここで返済しましょうか」という話になっていきます。

プロパー融資をする際にも、業績の悪い会社が資金ショートを起こして回収不能になるのが怖いので、資金繰り表で直近（およそ1年以内）のお金の動きを確認したいのです。資金繰り表の作成には少なからず手間と時間がかかりますが、なるべく作成して決算書と一緒に持っていくのが評価を上げるコツです。

資金繰り表がどんなものかサンプルを上げておきます。資金繰り表のための会計ソフトは市販されていないようなのでエクセルなどで自作することになりますが、計算式そのものは複雑ではありません。経理担当者ならサンプルを見て作ることができるはずです。

これからは「事業性評価融資」がトレンドになる

今までの銀行融資は決算書による格付や担保の有無を大きな判断材料として決まってしまうところがありました。銀行ごとに審査基準に多少の差異はあるものの、財務データが良ければ融資が通り、悪ければ通らないというスコア重視の融資という点では共通していたのです。

しかし今後は決算書主体の融資から「事業性評価融資」へとトレンドが変わっていきます。事業性評価とは「金融機関が現時点での財務データや、担保・保証にとらわれず、企業訪問や経営相談等を通じて情報を収集し、事業の内容や成長可能性などを適切に評価すること（「円滑な資金供給の促進に向けて」平成27年7月金融庁より）」。

金融庁主導で進めていることなので、政府系金融機関ではすでに事業性評価融資が盛んに行われています。それに追随する形で民間銀行も事業性を評価するようになってきました。

通常の決算書に基づく定量審査に加えて事業性をよく見て評価するもので、事業性の良し悪しだけで融資の可否が判断されるわけではありませんが、中小企業や小規模事業者にはメリットが大きいといえます。成長途上にある会社は十分な事業実績や資産をもっていないことが多々ありますが、事業内容や成長可能性を評価してもらえれば融資の可能性が高まるからです。

中小企業や小規模事業者には「目立たないけれども魅力的な事業」を行っているところがたくさんあります。そういう事業者にもより着目して、融資でサポートしていこうというのがこれからの流れなのです。

事業性評価融資は銀行の「目利き」が問われる

事業性の評価には金融機関共通の指標があるわけではありません。銀行ごとに何に重きを置くかは違うのです。また相対評価（偏差値のような集団内での比較）で数値化できる性質のものではなく、一つひとつの会社について絶対評価（個々の能力を評価する）をしていかねばなりません。「この会社は将来性があるか」「事業の強み・弱みは何か」などを銀行独自に判定していくことになるので、非常に「目利き力」が問われます。

ということは、A銀行では将来性ありと評価されて融資が通るがB銀行では不可、C銀行では金利高めだが融資可能、のように審査のバラつきが普通に起こります。1つの銀行で却下されたからといって融資を諦める必要はないということなのです。

個人保証なし、担保なしの融資が今後は増えていく

もう一つのトピックとして2014年2月から「経営者保証に関するガイドライン」が運用され、会社への融資をする際に社長の連帯保証や担保を取らない方向になってきてい

ます。

今までは会社の信用が足りない場合、社長を連帯保証人にしたり不動産を担保にしたりといった保全を銀行は求めてきました。万一、借入金の回収ができなくなったときに社長個人の資産から支払ってもらったり、資産価値のある不動産を代納してもらったりするためです。

しかし個人保証や担保があるために、後継者が事業承継をしたがらないというケースが頻発しています。日本の中小企業は社長の高齢化が深刻で、代替わりが喫緊の課題なのですが個人保証や担保がその障害になっているのです。

そこで政府は中小企業の事業承継を促進するために従来の融資制度を見直し、「個人保証なし、担保なし」でも融資をするよう銀行に要請を出しました。その詳細をまとめたものが「経営者保証に関するガイドライン」です。

今後は個人保証なしの融資が増えていく流れにありますが、なんでもかんでも保証なしになるわけではありません。やはり一定の基準や条件はあります。

●会社と社長個人の関係の明確な区分・分離

役員報酬・賞与・配当・社長への貸付など会社と社長の間の資金の貸借関係を整理し、適切な運用を図ること。

●財務基盤の強化

会社の財務状況や業績の改善を行い、返済能力の向上に取り組むこと。信用力を強化すること（自己資本がプラスであることは必須）。

●経営の透明性

自社の財務状況を正確に把握し、取引銀行からの要請に応じて情報開示をすること。事業計画や業績見通しなどの情報について正確かつ丁寧に説明すること。また事業計画や業績見通しに変動が起きた場合は、速やかに取引銀行に報告すること。

会社や社長にとって少しでも有利な融資を活用するために、経営改善を行って「信用度」を上げることが重要です。

「きらりと光るもの」がある会社を銀行は探している

販売先を尋ねると「代理店に納品している」と答える人がいるのですが、代理店は事業モデル全体で見ると途中段階で、さらにその先があるはずです。部品加工会社なら自社で作ったパーツが最終的に自動車に使われるのか、エアコンに使われるのか、玩具に使われるのかを説明してもらえると融資担当者は事業イメージを把握しやすくなります。

まずはなんの事業をしている会社で、事業規模はどれくらいで、どんな課題があるのかについて説明します。そして融資を受けたいときというのは、何かしら事業を変えたいと思っているタイミングであることが多いと思います。設備投資はまさに新たなビジネスに取り組むときに必要になるものです。つまり何にいくら必要なのかも当然見えていないとおかしいのです。「借りられるだけ貸して」にはなり得ません。

事業説明が苦手だが技術力がある会社は、なんとか融資を通したいと思って、説明不足の部分を補うためにいろいろ質問することになります。興味のない会社にはそんなに聞かないので、突っ込んだ質問が飛んでくるというのは悪い兆候ではありません。

銀行は「生きたお金」を貸したいのです。この会社に融資して良かったと思いたい、そのために「きらりと光るもの」をもつ会社を探しています。

事業性評価融資に役立つ「事業性評価シート」

事業性を評価するために必要となってくる資料が「事業性評価シート」です。次に挙げたサンプルは、私がクライアントに説明する際に使っている独自のシートですが、これを参考にしてください。大事なのは、これだけ読めばビジネスモデルが理解できるように書くことです。稟議ファイルの資料として添付することになるので、これを融資担当課長や支店長が見て、事業性を審議し決裁をしていきます。その意味でとても重要な資料です。

項目は全部で7つあります。経営理念や事業内容はすぐに書けると思いますが、市場動向のように外部データは少し調査が必要かもしれません。ビジネス俯瞰図は自社を中心にして仕入先、業務提携先、販売先を図式化したものです。これを見ることで事業全体の流れが把握できます。

事業分析はいわゆるSWOTのことです。「強み（Strength)」、「弱み（Weakness)」、

事業性評価シートの例①

記入日2022年6月1日

○○銀行　御中

住所：千葉県八街市○○
名称：株式会社八街○○○
代表者：○○太郎

事業性評価融資を希望しますので、本シートを提出します。

1．経営理念（モットー）

おいしい落花生を提供することで健康をお届けする

2．事業内容

・業種

食品製造業

・ターゲット（誰に）

国産落花生を好み健康に気を付けている中年男女

・商品やサービス（何を）

殻付き落花生・味付きピーナッツ・チョコレート豆菓子・ピーナッツペースト

・販売・提供方法（どのように）

道の駅やスーパー、コンビニへの卸が中心（J社やS社など）。一部店頭で販売し顧客の声を直接いただいている。今後はネット販売に進出。

・特徴（資格や特許、高度な技術等）

地元八街産として88軒の契約農家と提携
製造工場「JAS有機農産物加工認定工場」

3．市場動向（外部データ等）

健康食品として注目される落花生（ピーナッツ）：一般財団法人日本落花生協会のホームページでは、落花生の効能として、LDL（悪玉）コレステロールを減らし、動脈硬化を予防することが掲載されている。

出典：一般財団法人落花生協会HP

オレイン酸・リノール酸　食品100gあたり含有（単位：mg）

	オレイン酸	リノール酸
落花生	23,200	15,000
大豆	3,550	5,670
精白米	292	430
小麦粉	144	816

4．経営者

名前　○○　太郎　　年齢　39歳　　後継者有無　未定

・ビジネスにおける経験、経歴、実績

大学卒業後、食品卸会社に4年勤務。その後当社に入り、当業界に13年従事

※著者作成

事業性評価シートの例②

5．ビジネス俯瞰図

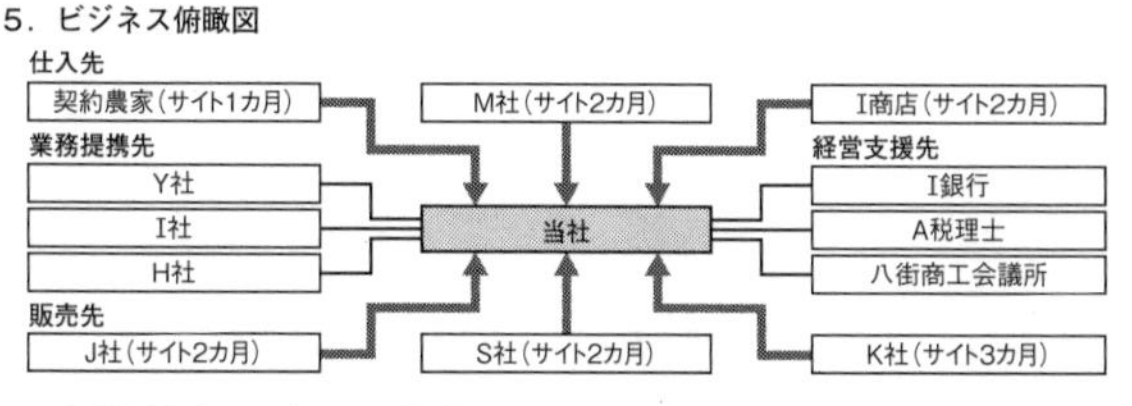

6．事業分析（SWOT）および展望

内部環境S（強み）：ヒトモノカネ、武器、得意技術等	内部環境W（弱み）：ヒトモノカネ、課題、苦手技術等
・八街産落花生農家との納入契約 ・チョコレート菓子やペーストなど新規加工技術 ・J社やS社など大手への販路	・設備の老朽化 ・チョコレート菓子やペーストなど新規加工技術 ・短納期養成にリードタイムが追い付かない

外部環境O（機会）：市場チャンス、競合店撤退等	外部環境T（脅威）：外部要因、競合参入等
・コロナ禍で海外産より国産にこだわるニーズ ・チョコレート菓子需要の増加 ・ネット流用による非接触販売需要	・落花生は年末に需要が高まり波がある ・チョコレート菓子への他社参入

将来展望：強みをもって、機会を活かす取り組み

チョコレートコーティング設備投入により、製品品揃えを増やすとともに、短納期化に対応。チョコレート豆菓子需要増大に対して、J社や大手スーパーの販路、ネット通販により販売拡大を図っていく。

7．今回取り組む事業

・事業内容　　設備　資金

・調達

基金融機関借入	10,000千円
その他借入	0円
その他借入	0円
その他借入	0円
補助金	10,000千円
自己資金	5,000千円
合計	25,000千円

・事業動機

・事業を取り組む理由

J社他、風味豊かなチョコレート豆菓子のレパートリーを増やしてほしいというニーズがある。チョコレート溶解およびコーティング設備導入により、生産力増強および効率化を図るもの。

・効果（今回の事業実施により）

最新設備導入により、リードタイムは従来の2/3に短縮され、短納期が実現する。コンビニや大手スーパーへの拡販、ネット販売強化により、3年間で付加価値額を15%アップさせる計画。

・実施時期

資金必要時期　　2020年12月

・課題、懸案事項

・今回事業実施にあたる課題、または懸案事項

チョコレートコーティング技術は、専門の女子社員に依存しているため、ノウハウの見える化により技術の共有化を図っていく。

※著者作成

「機会（Opportunity）」、「脅威（Threat）」の４つの側面から自社の現状と展望を分析します。客観的なSWOT分析ができているかどうかで銀行は社長の経営能力やビジョンの信憑性を見極めるのです。

そして最後に融資の目的と効果です。銀行は融資をすることでどんなレバレッジ効果が出るのかを知りたいので重要な項目です。

3W2Hを説明できるように整理する

事業性評価シートは提出するだけでなく、口頭での説明も念のために添えたいところです。面談時間には限りがあるので、ポイントを絞って説明するのであれば次の3W2Hを意識すると良いです。

- What（どんなモノ・サービスを）
- Whom（誰に向けて＝ターゲット）
- When（いつまでにどういう展開をして＝事業計画）
- How much（いくらで売るのか）

●ＨｏＷ（どのようにして実現するのか＝マーケティングや具体策）

融資担当者がいちばん知りたいのがこの5つの項目です。この部分に説得力をもたせることができれば面談も早く済み、融資期間の短縮につながります。

「ローカルベンチマーク」まで作成できれば理想的

事業性評価をする際に活用するシートとして経産省がローカルベンチマークというシートを作っています。経産省のホームページからダウンロードできるので詳細は確認してほしいですが、このシートのポイントは「財務分析」がある点です。

自社の財務に関する数字を入力すると、エクセルが自動計算をして財務分析結果が作成されます。過去3年分のデータを一目で見比べることができるので非常に便利です。例えば左図でいうと、収益性は変わっていませんが生産性や効率性が上がっており、結果として健全性が大きく伸びています。この3年で経営改善に努力していることや順調に会社が成長していることが分かるので、融資先として魅力的であると判断できます。

また、「商流把握」のコンテンツも分かりやすくて銀行には喜ばれます。仕入先や協力

財務分析結果例

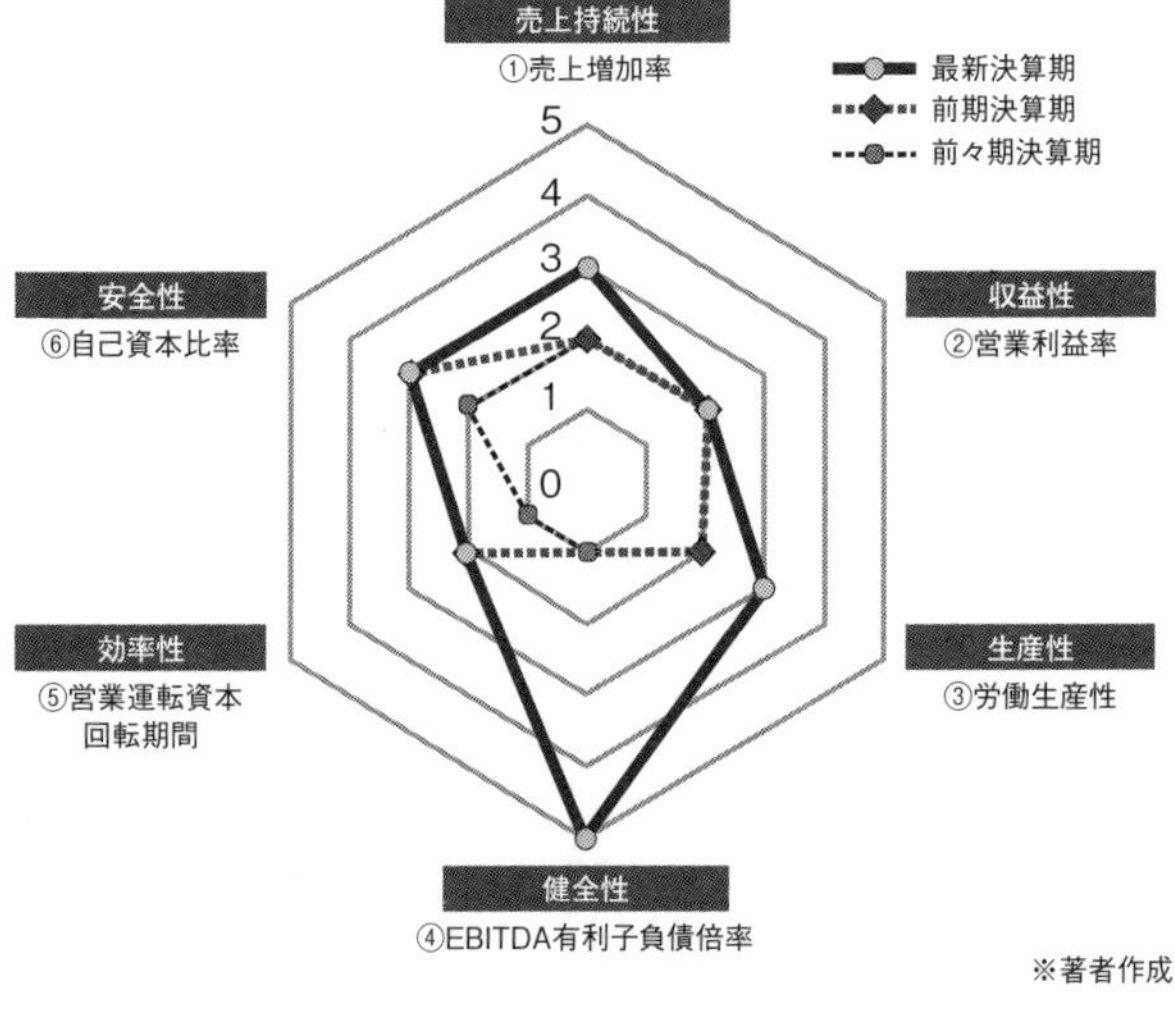

※著者作成

先だけでなく、エンドユーザーまで書かれているので誰をターゲットにしたビジネスなのかが一目瞭然です。しかも「自社が選ばれている理由」が書かれているので事業の特徴や強みが分かりやすいのです。

銀行がエンドユーザーに注目する理由は、例えば汎用家電のパーツを作っているのと、心電図計のパーツを作っているのでは事業の優位性がまったく違うからです。汎用家電のパーツは国内外に競合が多く、ともすれば取引先を失ってしまうリスクがあります。一方、心電図計のパーツは競合が少なく、確実に医療機関で使われます。しかも精密機器なので精度の高い仕事をしていることまで分かります。

ロカベンシートを完璧に作ろうとするとかなり手間がかかりますが、事業計画や経営戦略を立てる際にも役立つので余裕があるときに作っておくと安心です。融資の申し込みの際にこれをさっと出せる会社なら、銀行の評価はうなぎのぼりです。

提出資料をきちんと作ることで自社の理解が深まる

ここまで決算書の重要数字から始まり、事業計画書、資金繰り表、事業性評価シート（ロカベン）と資料作りについて話してきました。これらの資料は銀行対策として活用できるものですが、本来の作成の目的は「自社理解」のためです。

一つひとつの資料を作るためには自社の数字の把握や市場調査による業界動向、自社のSWOTなど、あらゆる側面から事業を分析するプロセスを経なければなりません。確かに面倒くさいのですが、きちんとプロセスを踏んで消化していくことで「自社とは何か」

が深く理解できるようになるのです。

今まで資料作りは税理士任せ、経理任せにしていたという人はおそらく感覚的には理解していても、うまく言葉で説明できなかったと思います。数字の裏付けを尋ねられても抽象的な答えしかできなかったかもしれません。しかし一つ資料を仕上げるたびに理解が進み、全部が出来上がった頃には経営者として大きく成長していることを実感できるはずです。

出来上がった資料は自分だけで見ないで、社員や幹部と共有できるものはして経営に活かしていくと効果的です。例えばビジネス俯瞰図は一般社員に理解させると、ターゲットを意識した仕事ができるようになります。

また課題と解決策は日々の具体的な目標や行動計画に落とし込むと、みんなが同じゴールに向かって自律的な行動をしていけます。また一般の社員にもコスト意識をもたせることで、経費の使い過ぎの防止などができるようになります。資料作りは銀行のためであり、社長自身のためであり、社員のためでもあるということです。

一度に全部の資料作りに取りかかるのは大変なので、自分ができるところから、また優先度の高いものから段階的に進めていくのが良いです。顧問税理士や経理担当者なども適宜活用します。

融資担当者に「なんでも聞いて」「欲しい資料はいつでも出すよ」と言えるくらいになれればベストです。

［第5章］

何より大事なのは銀行との信頼関係
「選ばれる立場」から「選ぶ立場」へ

自社に合った銀行を選べるかが資金調達のしやすさにつながる

これまで銀行融資を受けるには「銀行に選ばれる」必要がありました。決算書の良い会社、信用格付の良い会社でないと銀行に選んでもらうことが難しかったのです。そのために泣く泣く融資を諦めてきた会社がたくさんありました。

それに対して、これからは会社側が「銀行を選ぶ」時代になっていきます。たくさんある銀行のなかから自社の規模や事業内容に合った銀行や、自社の事業性を正しく評価してくれる銀行を賢く選べるかどうかが融資の成功率に大きく影響してきます。今後は事業性評価融資が主流になっていくからです。

銀行の取り組み姿勢、支店長の運営方針、融資担当課長の判断、融資担当者の力量など銀行側にもさまざまな要素があります。決算書の数字だけで判断するのではなく、事業の特性や将来性を見て判断をしてくれる「目利き力」のある銀行を選ぶことが大事です。

そのためには社長の側にも「銀行を選ぶ目利き力」が必要になってきます。銀行が何を考え、何を見ているのかを知ることで、その目利き力は身につけることができます。本書でここまでに書いてきたことは、社長の目利き力を鍛えるための虎の巻です。

3つのタイプの銀行と付き合うのがベター

中小企業、小規模事業者が具体的にどの銀行と付き合っていけばいいかというと、私は「3つの種類の銀行と付き合いましょう」と経営者セミナーで教えています。

1つは政府系の銀行（日本政策金融公庫や商工組合中央金庫）。政府は今、中小企業や小規模事業者への支援を手厚くしていて、その方針が最も反映されるのが政府系銀行です。事業性評価融資や個人保証を取らない融資、伴走型支援で多くの実績があるので中小企業・小規模事業者の取引先としては外せない存在です。

2つめは信用金庫。地域の繁栄を図る相互扶助を目的としているため、利益第一主義ではなく地域社会の利益が優先されます。主な取引先は中小企業や個人で、営業スタイルもきめ細かいので長期的な関係が築きやすいといえます。商店街で商売をしているような会社やこれから創業する会社は、特に信金が頼りになります。

3つめは地方銀行。地銀は地域に根差した銀行で、地元の事業者を優先的に扱います。比較的融資のハードルが低いので、規模の小さな会社にも適しています。創業してしばらく経ち、事業が軌道に乗ってきて次の展開をしたいという会社は地銀を開拓すると良いです。

地銀だけ、信用金庫だけで複数行と取引をしている会社もあると思いますが、タイプが同じだと融資の性格も似通ってしまうので融資の枠や種類がなかなか広がらないというデメリットがあります。銀行の種類や社風で組み合わせ、取引する銀行にバリエーションをもたせるということがポイントなのです。政府系はできるだけ入れてメイン銀行、準メイン銀行、付き合い銀行と上手に使い分けると経営が安定します。

メガバンクは売上規模10億以上が目安

メガバンクは中小企業や小規模事業者にはハードルが高いので、最初から融資取引を得ようとすることは得策ではありません。メガバンクが取引する会社としては売上が10億以上の会社や、海外進出やホールディングス展開をしている会社が一つの目安になります。もし、このことを知らずにメガバンクに相談に行って取引を断られたとしても、それは珍しいことではないのでショックを受ける必要はありません。

本書の読者層である創業期の会社や規模の大きくない会社の場合は、まずは政府系・地銀・信金の3つから始め、ステップアップする形で最終的にメガバンクを視野に入れるというのが正攻法になります。

そもそもメガバンクの法人営業部は担当エリアが広いため、一つひとつの会社を訪問して親密な関係を結ぶということが難しいところがあります。そういう点でも地域密着型の銀行のほうが支援も手厚くて付き合いやすいはずです。

タイプの異なる銀行と付き合うことのメリット

1つの銀行とだけ取引する（1行取引という）のはダメではないですが、融資審査ではリスクが高くなります。取引銀行が1つということは、もし融資を断られたら受け身の取りようがありません。タイプの違う銀行と付き合っておけば、1つの銀行が不採択でも別の銀行があるのでリスク分散ができます。

また、銀行では取引先企業のなかから成長を目指す企業同士をビジネスマッチングするサービスも行っています。それぞれの銀行で取引先企業はみんな違うので、複数銀行と取引すればそれだけマッチングの可能性も広がることになります。

レアケースとしてはこんなメリットもあります。地銀はほかの地銀と合併するケースが時々ありますが、地銀Aと地銀Bが合併する場合それぞれの銀行で融資残高を増やそうとする動きが生まれます。なぜなら、地銀Aは地銀Bよりも規模を大きくして力関係で上に立ちたいと考えるからです。当然、地銀Bも同じことを考えています。つまり、合併のタイミングで両銀行とも融資活動が活発化するのです。今後は地銀のオーバーバンキングから再編が進むといわれているので、そういうタイミングがあるかもしれません。

ちなみに、こうした現象は信金ではあまり起こりません。信金はそれぞれの地域が限定されているので、ほかの信金と合併するメリットが少ないからです。

異なるタイプの銀行と付き合っておくことで、このようにさまざまなチャンスが広がるのです。

1行取引してきた銀行には恩を感じ過ぎなくて大丈夫

ただし、創業時は1つの銀行との取引から始めるのが普通です。事業実績がまだないので、多くの場合は信用保証協会の保証付き融資を活用することになります。

1行取引しかしていない会社については事業の成長具合を見て、「そろそろ2行目、3行目との取引を考えましょう」とアドバイスしますが、すると社長から「今の銀行と関係性が悪くならないか」との質問がよく返ってきます。

創業時から長く付き合ってきた銀行なので、義理堅い社長としては他行に浮気するようで気が引けるのも分かります。当然のことながら1行取引を続けてもらえば銀行側は有利です。担保なども単独で決められますし、社長個人の預金や資産運用も任せてもらえるからです。しかし会社の成長のためには1つの銀行に依存する形は良くありません。

1行取引でよくある悩みの1つなのですが、会社の資金繰りが悪化してきたので定期預金を引き出したいと思ったときに、銀行から「この預金は預けたままにしておいてほしい」と言われて困ってしまうケースがあります。本来、預金は預けた人の自由にしていいお金ですが、銀行は万一のときの保全のように考えていて手放したくないのです。このように銀行との関係が密になり過ぎて、余計なしがらみを抱えてしまうこともあるので注意が必要です。

創業時は1行取引からのスタートで構いませんが、時機が来たらどこかで思い切って脱却を図るべきです。会社がある程度大きくなってくれば、銀行側も「そろそろ当行以外の銀行との取引も始まるだろう」と考えて心構えをしているものです。たぶん「ほかの銀行とも取引を始めようと思います」と報告すると、顔なじみの融資担当者は「残念です」「うちとしては困ります」と言うだろうと思います。しかし、それは表面的なポーズであって心から社長を責めているわけではありません。担当者も内心は「仕方ないな」と理解しているのです。

複数の銀行と取引を増やしていくことは企業成長していくうえで自然な流れですから、あまり銀行に恩を感じ過ぎないことです。そこはビジネスライクで大丈夫です。

融資担当者は3~5年で転勤する

経営相談やセミナーをしていると、社長から「今の融資担当者がとても良い人なのに異動してしまう」「次に来る担当者とうまくやっていけるだろうか」という相談を受けることがあります。銀行では一般的に3~5年ごとに行員の転勤があるので、信頼している担当者がいなくなるというのはある種、宿命のようなものです。

定期的に異動させる理由は、さまざまな地域で経験を積ませるため。町工場の多い地域、住宅メインの地域、商業施設が多い地域、人口の多い地域、少子高齢化の進む地域など、土地柄が変わるとニーズが変わるので銀行業務の内容も違ってくるのです。また、一つの地域に長くいると癒着やしがらみなども起こりやすくなるので、新陳代謝のために異動をさせます。

銀行の事情はそうだとしても、社長の側からすれば「せっかく仲良くなったのに、いなくなるのは心細い」とか「銀行との関係がリセットされて、新しい担当者と築き直しになる」と感じるはずです。今の融資担当者と相性が良ければ良いほど、その不安は強くなります。

ただ、安心してほしいのは融資担当者同士できちんと情報の引き継ぎをするので、関係がリセットされることはありません。会社ごとに分厚いファイルがあって（取引が長いとそれが何冊も）、これまでの取引の経歴や会社の暦年の決算書類、社長からヒアリングした情報、融資担当者による特記事項のメモ書きなどが全部残っています。新しく来た融資担当者は引き継ぎ書を読み込んで対応に当たるので、関係は引き継がれるのです。

ただし、融資担当者ごとに考え方や能力は違うので、前任者とまったく同じ対応にはならないかもしれません。それを理解して、社長の側も付き合いをするべきです。「前任者に言ってあるから分かるでしょ」ではなく、「ファイルにも資料があると思うけど、こうなんです」と教えてもらえると後任者も助かります。

地銀では顧客と長く付き合えるよう人事運用を見直し

銀行員は3～5年で転勤があるといいましたが、地銀のなかにはこの制度を見直しているところがあります。つい先日も日本経済新聞で「担当者が顧客を長く担当できるように人事運用を改め始めた」との報道がありました。

地銀には本来の使命として「地域に密着」があります。しかし一定期間で異動させると顧客の課題にじっくりと向き合うことが難しく、本来の機能を果たしにくいのです。この問題に切り込んだのが金融庁の監督指針改定で、これを受けて地銀は人事改革に動き出しました。

実は金融庁はかねてより事故防止の観点から一定期間で人事異動するよう地銀に求めてきたのですが、「短期間で担当が交代すると一貫性のある支援がしにくい」「相互理解が深まらない」という地銀や顧客の声があり、2019年12月に監督指針を改定したのです。この改定では地銀が担当期間を柔軟に決められるようになりました。

今回の改定の背景には、政府が中小企業の支援強化をしていることもあります。その取り組みの一つが事業性評価融資なのですが、事業性を見極めたうえで融資するには顧客企業の状況に精通していなければなりません。また社長の悩みや本音をヒアリングできる信頼づくりが欠かせません。

例えば長野銀行は従来3年で異動が通例でしたが、これからは少なくとも4～5年の任期に延長する方針です。山口フィナンシャルグループも支店長クラスの在任期間を延ばすと明言しています。

その一方で、任期が長くなることの副作用もあります。地銀の人事異動にはさまざまな支店を経験させることでスキルを養う狙いがありますが、千葉銀行は人事ルールを柔軟に運用するものの「担当期間が長くなり過ぎると新しい仕事を経験する機会が減りかねない」と懸念を示しています。また任期が長くなることによる不祥事のリスクにも気を付けねばなりません。

米国のコミュニティーバンク（中小の地域金融機関）では、20年という長期で顧客を担当するのが一般的ですが、日本でそれがなじむかは判断の難しいところです。

課題はあるにしても任期は長めになる方向なので、腰を据えて担当者との信頼関係づくりはしていけます。

前向きな融資のセールスをどこまで信じていいか

もう一つ担当者との関係でよくある悩みがあります。「担当者は融資に前向きだったのに急に厳しい質問が来た。どうなっているのか」というものです。

いつも会社に来る担当者に「融資を受けたいと思っている」と話すと、「御社の経営状況なら大丈夫ですよ」という反応だったので、社長もその気になって融資申し込みをしたところ、後日になって担当者から「今期の売上が前期より落ちているのはなぜか」「今のままでは通せない」などの問い合わせが来たというのです。

担当者には営業担当と融資担当という「攻め」と「守り」の担当者がいます。銀行によっては両方を兼ねている場合もありますが、一般的には分けています。

「社長、いけますよ！」など攻めのセールスをしてくるのは営業担当の場合が多いです。融資担当は融資審査の内情を熟知していて慎重なので、あまりこういうセールスはしません。

おそらくこのケースでは融資担当課長に稟議が回った段階で担当者に質問が来ていると考えられます。厳しい質問が来るというのは融資ができないという意味ではなく、ここをクリアすれば融資の可能性が出てくるという意味としてとらえるべきです。そもそも融資ができないのであれば質問は来ません。社長にとっては思っていた流れと違うと感じるとは思いますが、ここが勝負どころなのです。

支店長に会いたいときは2週間前までにアポイントを取る

「支店長と面識をもちたいが、どうするのがいいですか」という質問もよく受けます。

銀行と深く長く取引していくためには、どこかのタイミングで支店長と会って顔つなぎをしておきたいものです。支店長は融資の最終的な決裁者なので、自社の存在を認知してもらっているか否かは大違いです。社名と社長の顔を覚えてもらっていれば銀行との関係づくりは一歩も二歩も前進といえます。

とはいえ支店長は仕事のスケジュールが朝から晩まで事細かく決まっており、拘束時間も多くて融通が利きにくいという事情があります。アポなしで行っても会ってもらえることはまずありません。

また、用件もなしに挨拶だけのために押しかけるというのも、支店長にとってはちょっと迷惑な話です。会いに行くタイミングとしては、融資が通って実行されたときにお礼にうかがうというのが自然です。ほかには、新事業を始めるなどで事業内容が大きく変わるときも「支店長には直接お知らせしたい」と事前に言えば面談時間を作ってもらえます。年末は多忙なので訪問は避けてほしいですが、逆に年明けすぐは予定に比較的余裕があるので歓迎されることが多いです。毎年、新年の挨拶を恒例にすれば支店長のほうもそのつもりで迎えてくれるようになります。

支店長へのアポ取りは2週間前までにするのが目安です。直近ではすでにスケジュールが決まってしまっているので都合がつけにくいですが、2週間前までなら予定に組み込んでもらえるはずです。

支店長はだいたい3年ごとに他店に異動になりますが、その際は一般的に後任者に「引き継ぎリスト」をバトンタッチすることになっています。引き継ぎリストとは取引企業・個人の一覧で、付き合いを大切にすべき企業・個人や要注意先にはその旨がメモされています。後任者はこれを情報源にして取引をするので、支店長が替わっても会社との関係性はそのまま引き継がれることが多いのです。つまり、引き継ぎリストに優良顧客と書いてもらえる関係づくりを心掛けると、銀行と長く付き合っていけます。

「融資してもらっているから頭が上がらない」とは考えなくていい

今までの銀行取引では「銀行に選んでもらう」意識が強かったことから、銀行のほうが立場が上で、融資を受けている側は強く出られないという風潮がありました。銀行に気を使って、いろいろと我慢をしてきた社長も多いかもしれません。しかし、今後は「銀行を選ぶ」時代になっていくので変な気遣いはしなくて大丈夫です。

具体的に私が受けた質問のなかから「対等な付き合い」について考えてみます。

まず「融資を断られた。担当者は要望に沿えずすみませんと言うだけで、理由をはっきりと教えてくれない。もっと理由を聞いてもいいだろうか」という質問です。

こういうときは担当者に遠慮しないで融資を謝絶する理由をきちんと聞くべきです。理由が不明確だと、次に打つ手を考えられません。

かつての銀行ではあまりはっきり教えてくれない風潮がありましたが、現在は金融庁から「利用者保護」の観点に基づき謝絶の理由を説明するよう指導されています。

詳しくは「金融庁：銀行監督上の評価項目」を読んでもらうといいですが、そのなかに「顧客の要望を謝絶し貸付契約に至らない場合」という項目があります（Ⅱ-3-2-1-2）。そこには「可能な範囲で、謝絶の理由等についても説明する態勢が整備されているか」と銀行の説明責任が明示されています。

次に「担当者から営業協力依頼を受けたが断ってもいいか。断ると融資取引に悪影響が出るか」という質問です。

営業協力依頼というのは、「今月ノルマが厳しくて保険に入ってもらえませんか」などの勧誘をすることです。確かに目標達成が難しいときはこういう勧誘をしがちなのですが、銀行は融資をしている優越的地位を利用して金融商品の購入を強要する行為を禁止されています（ただし、正常な商取引の範囲内で金融取引をすることはあり得ます）。社長の側が望まないのに無理に勧めてくるなどの場合は、はっきり断ってしまって問題ありません。

もし断ってもしつこく勧誘してくるとか、断ったことで関係が悪化し不利益を被ったなどがあれば「優越的地位の濫用」に当たるので金融庁に相談できます。

銀行と会社（社長）とは対等な立場です。「融資をしてもらっているから頭が上がらない」などと考える必要はありません。お互いにとってストレスのない関係を築くことが、長く取引していくうえで欠かせないのです。

融資の申し込みは3月と9月が比較的狙い目

「融資を受けやすくなるタイミングはあるか」と聞かれることもしばしばあります。銀行同士が合併する際に融資のハードルが下がるといいましたが、ほかにも3月と9月に融資審査が積極的になることがあります。

3月と9月は銀行の決算月で「融資増強期間」だからです。銀行には支店ごとに融資のノルマがあるのですが、目標数値に足りないときに積極的に融資の間口を広げることがあるのです。普段なら消極的な対応になるような会社の案件が審査に通ることも出てきます。もちろん財務状況が悪過ぎる会社は無理ですが、ギリギリのラインにいる会社は合格できる可能性があります。

ただし、すべての支店で3月と9月が必ず融資増強期間とは限りません。ノルマ達成が確実な場合は増強する必要がないので通常運転になります。外側からは増強しているか否かの見極めは難しいですが、急ぎの融資ではなく申し込みのタイミングを計れるときは、3月か9月に審査されるように選ぶと良いかもしれません。

これからは事業性が高くないと生き残れない時代

これからの銀行融資は、どんどん事業性重視に進んでいきます。決算書が良くても事業が良くないと融資が受けにくい時代になっていくのです。新しいことにチャレンジできない会社や事業を磨き上げる意欲のない会社は淘汰されていってしまいます。

例えば町なかで飲食店を経営しているシェフがいて、腕が良ければ経営はやっていけます。多少愛想が悪くても厨房中心でおいしいご飯を作ることに専念し、フロアは別の接客ができるスタッフに任せれば良いのです。自分の店を切り盛りするだけなら会計処理もそこまで複雑ではありません。

しかし2店舗3店舗目の支店を出していきたいと考えたとき、一つ上のレベルの経営能力が問われます。スタッフの増員をするには採用面接や人材教育が必要ですし、会計処理もずっと複雑になります。支店の運営を任せるためには支店長の育成やその働きぶりの管理もしなければなりません。シェフとしてのスキルに加えて「マネジメント」のスキルが不可欠になってくるわけです。

事業性というのは事業そのものの魅力もありますが、トップに立つ人間の経営能力も含めてのことなのです。財務のいろはが分かっていること、事業計画書や試算表が管理されていること、経営課題を見つけて解決していけることなどトータルの能力を高めていくことなどを疎かにしないで、常に自分自身をバージョンアップしていけるようにしてほしいと思います。

事業性評価によって融資に成功した社長たち

ではここで、小さい会社ながら事業性を買われて融資に成功した事例や、一度融資を断られながらも経営改善によって審査を突破した事例を6つ紹介します。

① 若い二代目が経営する海苔会社のチャレンジ

今から約15年前、私が融資担当課の次長をしていたとき、以前から取引のある海苔業者の担当になりました。私が前任から引き継いだときは40代の二代目が経営をしており、年商は数億円程度でした。この会社が設備投資をしたいので融資をしてほしいと申し込んできたのです。

その頃、すでに食の欧米化による日本人の和食離れが進んでおり、海苔の国内消費量は縮小の一途をたどり、さらに韓国海苔の人気に押されて需要減少に見舞われている産業でした。業界そのものが縮小しているなかで、この会社が今後どれだけの収益を出していけるのかが審査の最大のポイントでした。

希望の融資額は約３０００万円であり、工場に新しい製造機械を入れたいとのことでした。聞けばコンビニのおにぎり用の海苔を開発し、それを起爆剤にして事業を盛り上げたいという計画です。若くて活力のある社長が熱く語るのを見て、私は強く興味を引かれました。それで実際の海苔工場を見学させてもらったのです。

製造工程を見ながら従来の製造方法との違いをヒアリングし、出来上がった海苔を試食したところ、その技術に驚きました。一般的なものと比べて風味が強く、厚みがあって時間が経ってもパリッと歯切れが良い海苔でした。

しかも当時コンビニ業界は右肩上がりで拡大しており、次々に新しいおにぎりが開発されては話題になっていたので、海苔の販売先として最も理想的だと思いました。その会社は特許も取っており堅い商売であることは間違いありません。

私は支店に戻って稟議書に向かい、この会社の独自性や将来性が的確に伝わるようにテキストを練り上げ、稟議に回しました。すると上席からの質問やダメ出しは一切なく、すんなりと融資が通りました。ほぼ希望額どおりに低金利で貸し出すことができたのです。

その会社は今もコンビニのおにぎりでエリアでは高いシェアをもっており、私が関わっていた頃より事業拡大しています。

② 街の小さな洋菓子店からチェーン展開

20年前、私がある支店に融資担当次長として赴任した際、地元商店街に小さな洋菓子店がありました。パンがおいしいことで地域では有名で、私はてっきりパン屋だと思っていたのですが、実はチョコレートにこだわりをもつ洋菓子店でした。バレンタインの時期になるとチョコレートを買いに来る女性で長い行列ができていたことをよく覚えています。

社長は30代でしたがやり手でした。ホームページで店の最大の特長であるチョコレートについて、生産者との運命的な出会いから高品質なカカオに一目惚れしたこと、今どういう思いでチョコレート菓子を作っているかなどを語り、消費者のハートをつかんでいました。チョコレートのような嗜好品は味や見た目も当然重要ですが、その商品が生まれたストーリーの部分がファンを惹きつけます。工場の大量生産品より、高くても手作りの本格チョコレートが買いたくなるのはそこにストーリーを感じるからです。

当時はまだ事業性評価融資という概念はありませんでしたが、私はこの会社の事業性を高く評価し、もし機会があれば支援したいと思って見ていたのです。

その後、その社長からチェーン展開のための融資の相談が入りました。本店はテイクアウトのみですが、支店をいくつか作ってイートインができるようにしたいことや、当時はまだ少なかったネット通販にもチャレンジしたいとの話でした。私が喜んで稟議書を書いたことはいうまでもありません。今この会社は老舗デパートにも店舗を構えるような全国的な有名店になっています。

③ 売上低迷から回復したリフォーム業者

経営コンサルタントになって手掛けた事例です。マンションや戸建ての内装リフォームをしている会社だったのですが、売上がかなり低迷していました。リフォームのニーズは10年に1回など頻繁に発生するものではないことや、競争が激しく顧客の取り合いになることなどが主な原因です。

マイホームの新築は多くの人にとって一生に一度のことなので、やはりハウスメーカー選びにはこだわりがあるものです。設計デザインや建築費用の見積もりを複数取って比較検討し、自分が建てたい家のイメージを実現してくれるところを選びます。しかしリフォームになるとあまりこだわりがないことが多いようで、インターネットで費用の手頃な業者を探して問い合わせるという手順になりがちです。このとき広告費を払ってSEO対策していると、検索ページの上位に社名が表示されるので顧客の獲得率が高くなるのですが、この会社はそこまでしていませんでした。

社長が70代でインターネットに疎かったことや、昔ながらの職人気質で「腕が良ければ仕事は来る」と信じていたことなどから、会社のホームページも作っていなかったのです。

さて、この会社が2000万円の融資を受けたいと相談してきました。銀行に相談に行ったところ窓口担当の反応が良くなく、このままでは融資は受けられないと危機感を抱いたとのことでした。

私はホームページを簡単なものでもいいので作ることと、「家の診断サービス」を始めることを提案しました。

家の診断サービスは年に1度、担当者が家を訪問して建材の傷んでいる箇所はないか、建付けの悪いところはないか、住んでいて使い勝手を改善したい要望はないかなどを調べるサービスです。診断して不具合があればメンテナンスやリフォームにつなげることができます。

多くの人が気軽に利用しやすいよう診断サービスは低価格に設定し、10年会員になるとメンテナンスやリフォームが割引価格になるなどの工夫をしました。また新築の際に関わった家主に診断サービスの営業をかけるなどの努力もしました。

すると固定の顧客がつき始め、修繕などの発注が増えていきました。今まで不具合を感じながら「いつかやろう」「そのうちやろう」と先延ばしにしていた人たちが結構いたのです。業者の側から来てくれることで自分で業者探しをする手間が省けることや、望まない押し売りはされない営業スタイルが安心できると好評で、売上は回復傾向となりました。

業績改善した決算書を改めて銀行に持っていくと、今度は問題なく融資が通りました。最近はホームページ経由のオーダーも入ることがあるようで、社長は手応えを感じています。

④ 経営指導でよみがえった老舗の化粧品店

これは現在、経営改善中の事例です。街の商店街に化粧品販売店を開いて創業40年になる家族経営の小さな会社です。これまでは無借金経営をしてきたのですが近年は売上が伸び悩み、保証協会付き融資を受けたいと考えるようになりました。東京信用保証協会に融資相談に行ったのですが、現状の経営状態では保証ができないという判断になり、保証協会から私に「経営指導をしてあげてほしい」との要請が来たのです。

さっそく現地調査に行くと商店街そのものは活気があり、店舗の立地も悪くありませんでした。女性の店員が2人いて接客をしてくれたのですが、とても明るくにこやかで美容とは縁遠い（購買客には到底見えない）私にも丁寧に接してくれたのが第一印象です。店内はさすがに年季が入っていましたが、掃除が行き届いて清潔感があり、各メーカーの化粧品がシリーズで見やすく陳列してありました。私は工夫次第で経営改善できると直感しました。

店員たちにどんな属性の顧客が多いか、顧客のニーズはどうか、売れ筋の商品や価格帯、利用頻度などを市場調査し、40代以上の女性が大半であること、一見客はほとんどおらず固定客が多いこと、日常で使う手頃な価格帯の化粧品が人気なこと、新しい商品よりは使い慣れた商品を好む傾向があることなどを把握しました。

そこから導き出したのがアンチエイジング商品に注力して販売することです。アンチエイジング商品は各メーカーから販売されており性能も価格帯も幅広いですが、うまく商品を選択すればこの店の顧客層にマッチすると判断しました。

店員の知識を借りながら商品の取捨選択をしていると、彼女たちが豊富な美容知識をもっていることや、カウンセリングのスキルが高いことが分かりました。だからこそリピーターが多かったのだと納得し、カウンセリングで売っていくタイプの化粧品を中心にラインナップをそろえたのです。

結果としてこれが大正解でした。店員に肌の悩みを聞き取ってもらい、商品説明をしてもらいながら納得して買うという購買スタイルが、この店の顧客層には合っていたのです。また新規顧客も増やしたいということで、先月からインスタグラムでの商品案内や情報発信も始めました。

この調子でいくと、来期の売上は経営指導をする前の20%アップになる見通しです。この数字ならまず信用保証付き融資は通るはずなので、私もホッとしているところです。

⑤ サロンとは真逆の戦略で事業拡大した美容院

10年ほど前、支店長時代に関わった美容院の事例です。美容院というと「リラックスできるサロン空間」「ちょっと贅沢していく場所」というイメージがあると思います。月に1回くらいの頻度で、髪のカットやカラー、家ではできないトリートメントや頭皮ケアなど、1回につき2～3時間かけていくのが一般的ですが、私が関わった美容院はそれとはコンセプトが真逆でした。

カットのみに特化し、1回の施術が15分で価格は税込1200円程度でした。「さっと行ってさっと帰りたい」「美容師と世間話をしたくない」「カットだけでいい」というニーズに応えたサービスです。

「サロンでゆったりした時間を過ごしたい」「毎月の自分へのご褒美」として美容院に行きたいニーズと同じくらい、「シンプルに済ませたい」というニーズもあることに、この社長は気づいていたのです。シンプルに済ませたい人たちは近所にサロンしかないので仕方なく利用していたのですが、心のなかでは満足していませんでした。その隠れたニーズをキャッチし、スポットを当てたところが社長の鋭さです。

1店舗目を開店すると評判は上々でした。小さな子どもがいて自分の時間が取れない母親や、出勤前や帰宅時についでに髪を切りたいワーキングレディなどが便利だというので、多く愛用していました。

カット専門の店をチェーン展開したいということで、銀行に融資の相談が入りました。私は月に1度の稟議会議の段階で関わったのですが、稟議書の書類が少し物足りなく感じました。融資することはできるのですが、どうせならもう少し書類を磨き上げて、金利を低くするなど社長に有利な融資にできるのではないかと融資担当者にアドバイスをしたのです。

融資担当者は社長にそれをフィードバックし、事業計画書や資金繰り表を追加で提出して「事業性の補強」をしてきました。将来的な事業ビジョンで安全性を確認できたことにより、低金利での融資が実行できたのです。単に融資を通せばいいという話ではなく、できるだけ出せる資料は出して有利な融資を引き出すことが肝心だという事例です。

⑥ メンテナンスを売りにしてファンを増やした釣具店

最後に紹介するのは融資担当だった頃に出合った小さな釣具店の事例です。釣りをする人はよく知っていると思いますが、竿やルアーは基本的に使い捨ての商品が多いです。折れたり曲がったりしたものを修理するより買い直したほうが安く済んだり、流行があったりするためです。

しかし私が関わった釣具店は、あえてメンテナンスして再利用するという商売を始めました。思い入れのある竿やルアーを長く愛用したいというニーズや、中古品を安く買いたいというニーズが一定数あるのです。

店長は釣具について精通しており、どんな釣具もきれいによみがえらせるので次第に話題となり、顧客が増えていきました。そこで多店舗展開をするためのプロパー融資を求めて、銀行に相談に来たのです。

最初に話を聞いたとき、ニーズはあるにせよマーケットが小さいので多店舗展開にしてやっていけるかなと思いました。1店舗目がうまくいくと2店舗目3店舗目を出そうと考えるのは自然なことなのですが、実際には多店舗に向かない事業モデルもあり、この事例もその可能性があると考えたのです。

店長に今後の経営戦略を尋ねると、「大型釣具店の近くに開店する」という策を話してくれました。大型釣具店で新品を購入した人が故障したときに自店に修理に来たり、新品は高くて二の足を踏む人が中古品を求めて来たりするというのです。つまり、大型店から流れてくる客をキャッチするという事業モデルです。

それを聞いて私は膝を打ちました。大型店の近くにあれば目に付くので認知されやすく、釣具の故障は必ず起こるので集客には困らずに済みそうです。メンテナンス力と価格競争で負けなければ成功できると思いました。

稟議書で事業性をアピールするために、店長から業界について何度もヒアリングしました。店長は業界分析がよくできる人で、アウトドアブームで釣りは女性にも人気が増していることや、釣りの世界もサステナブルでリサイクルが進むことを客観的データや具体的なエピソードを交えながら熱心に教えてくれたのです。おかげで説得力のある稟議書ができ、融資審査はスムーズに通りました。

融資が実行されたあと、店長は「担当してもらえて良かった」と言ってくれました。私も二人三脚で成功できた手応えがあったのでうれしかったことを覚えています。その店長とは私の転勤で離れてしまいましたが、その後も銀行とは良い関係が続き、都内だけでなく全国展開をしていると人づてに聞きました。

資金繰りの負担を軽減し、本業に集中するための専門家の活用

紹介した6つの成功事例はどれも銀行との良好な関係づくりがあってこそです。事例の社長たちがどの程度、銀行対策を意識していたかは分かりませんが、おそらく信頼関係を築くためにさまざまな努力をしていたのだろうと想像します。

融資を目的とした銀行対策をしたいという場合、自分一人では限界があると思ったら専門家に相談することができます。身近な相談先としてはまず税理士がいます。

税理士は会計や税務に詳しく、銀行との付き合いのある人も多いので相談相手としてはありですが、決算書の作成時のみスポットで依頼している場合は会社の事業内容やそれぞれの事情まで理解しているわけではないので具体的なアドバイスはできないかもしれません。その点、長く付き合いのある顧問税理士は会社のことや社長のことをよく分かってく

れているので、頼めば力になってくれるはずです。

ただし、税理士にも専門があって事業承継が得意な人、相続対策に実績のある人、税務調査対応に強い人、医療専門の人などがいます。法人経営や銀行取引に精通している税理士となるとかなり数が限られるため、たまたま顧問になった税理士がその分野に強かったというケースはほとんどないと思います。意識的に探せば出会うことができるかもしれません。

お金の面で強い専門家というと会計士がいますが、会計士は一般的にM&Aが得意分野です。M&Aをする際にDD（デューデリジェンス）といって買収価格を決定するための企業調査があるのですが、このDDが彼らが最も輝くときです。ですから銀行取引や法人経営に関しては専門外であることが多いです。

経営コンサルタントはさまざまな経営相談ができる相手です。顧問先の会社の課題に合わせて適切なアドバイスや提案をするというのがコンサルタントの仕事です。しかしながらコンサルタントにもそれぞれ専門分野があります。

経営課題を総合的に扱う人もいれば、製造、小売、不動産など業種に特化した人、IT

やDX（デジタル・トランスフォーメーション）に詳しい人、採用・人材育成に強い人などがいて、銀行取引に精通している人は少ない印象です。

コンサルタントになる前に不動産会社の営業をしていた人は不動産専門になりやすいですし、ファイナンシャル・プランナーの資格をもつ人は保険商品を活用した資産形成の側面から会社をサポートするというように、職歴によって専門性が分かれてきます。つまり、コンサルタントの前歴を見れば、その人の得意分野がだいたい把握できるのです。

では前歴がメガバンク銀行員でコンサルタントに転身した人がどれだけいるかというと、コンサルタント中の割合は小さいです。一般的にメガバンクの支店長まで務めると目一杯働いた報酬がそれなりに残っていて、現役引退後は現役時代にできなかったことをやったり、趣味を大事にしてセカンドライフを楽しんだりといったパターンが多いようです。私のように経営コンサルタントになる人間はかなり変わり者のようです。

銀行出身のコンサルタントの割合がかなり低いということは、銀行取引の本格的なサポートができる専門家があまりいないということです。それはつまり、中小企業や小規模事業者で融資が受けられずに困っている社長がたくさんいることを意味します。だからこそ私は経営コンサルタントとして、社長の力になりたいと思ったのです。

伴走支援型でWin‐Winの関係を目指す

銀行と会社との関係づくりで「伴走支援型」が今後はキーワードの一つになります。事業性を評価するためには銀行は相手の会社のことをよく知らねばなりません。また長く付き合って企業成長を応援していくためには融資をしたあとのフォローが大切になってきます。融資したお金がきちんと事業に使われているか、レバレッジ効果を生んでいるかをそばで見守り、事業を安定・成長させるために親身にアドバイスをしていくというのが「伴走型支援」です。

社長の側も銀行と二人三脚する意識が求められます。これまで「融資をしてもらうことがゴール」になっていた社長も多かったと見受けますが、融資のゴールは「銀行から資金を引き出すこと」ではありません。むしろ融資を受けたあと、「資金をどう使っていくか」が大事なのです。有効活用してレバレッジ効果を出していかないと、返済に困ることになり次からは融資が受けられません。そうなれば会社の成長は止まってしまいます。

銀行と会社（社長）が足並みをそろえながら前進・向上していくというのが、これからの銀行融資の目指すべき姿です。銀行と良い関係を築き、長く並走していけるようにステップアップしていってほしいです。

資金繰りに窮する社長たちの力になりたい

私は大学を卒業したあと、１９８７年にメガバンクに就職しました。銀行員は最初の数年間は適性を見るためにすべての部署をローテーションで経験します。私も7年ほど営業（渉外）や外国為替、預金など複数の部署を回りました。そのなかで最も自分に合っていると思ったのが融資部門です。

入社して3年目の頃、ある会社の融資を取り扱った縁で70代の社長と懇意になりました。その会社が本社を建て直しして落成式を行ったとき、私も招待されて参加したのですが、社長挨拶で「○○銀行（私がいた銀行）のおかげで立派な社屋が建った」と晴れがましく語る姿を見て、感動したことを覚えています。融資担当というのは取引先の会社を支援して元気にする仕事なのだと理解し、この仕事がやりたいと思ったのです。

銀行のほうも私が融資部門に向いていると判断し、28歳のときに融資担当として支店に配属されました。窓口業務で10年の経験を積んだあと、本店の審査部に5～6年いて規模の大きな融資を扱い、2カ店の融資担当課長、さらに2カ店の支店長を10年務めました。

メガバンクなので取引先は大企業・中堅企業が中心でしたが、支店に行くと中小企業・小規模事業者との取引も多くあります。そこで数多くの案件と関わり、中小企業や小規模事業者の置かれている現状を知ったのです。特に融資担当課長になって2つめの支店は都内の町工場の多い地域にあったので、資金繰りに振り回されて本業に集中できなくなった社長を多く見てきました。

高い技術力があるのに銀行対策ができていないために事業性をアピールできず、融資が通らないケースも少なくありませんでした。そういう社長たちのサポートをしたいと思い、融資担当課長時代に中小企業診断士の資格も取ったのですが、銀行の中にいるとなかなか具体的なサポートはできません。「もっとこうしたら」と社長に言ってあげたくても、有効な資料作りを手伝ってあげたくても、そうしたことは銀行員の本業ではないため詳しく教えることはできないのです。そもそも融資担当課長としての仕事が忙しく、残念ながら一人ひとりの社長に深く関わる時間的余裕もありませんでした。

私がいた銀行は55歳で役職定年になります。銀行員として33年間やり尽くしたと感じたとき、セカンドライフの身の振り方を考えるなかで、「隠居するのではなくもう一度別の仕事で人の役に立てる道はないか」と思うようになりました。そして融資の舞台裏を見てきた経験と知識を社長たちに還元しようと決意したのです。

今は東京の世田谷区で経営コンサルタントの事務所を開いています。中小企業・小規模事業者の相談先として「初めての融資をどうしたらいいか」「融資審査に落ちたが何が悪かったのか」などの悩みに向き合うほか、中小機構や自治体などの機関から「融資の相談窓口でアドバイスをしてほしい」「会社の経営指導をしてあげてほしい」「経営者向けのセミナー講師を頼みたい」などの依頼も受けて活動しています。起業して2022年で2年が過ぎますが、短期案件・長期案件合わせて数百社の相談に乗りました。メガバンク時代を含めると、関わってきた会社は何万社にものぼります。

なぜコンサルタントになったのですかと聞かれることがあります。銀行員とコンサルタントのイメージが結びつきにくいのかもしれません。

私は昔から人に教えることが好きな性分で、学生の頃はクラスメイトに勉強を教えて「分かった！」と言ってもらうとうれしかったのです。今はコンサルタントとして経営や金融のアドバイスをすることで、困っている社長たちに最善の答えを見つけてもらえるように頑張る日々です。中小企業や小規模事業の社長は忙しく、自分で調べて情報を得るための時間が取れない人が多いので、そういう人たちの代わりに私の知恵やノウハウを活用してもらえたらと思っています。

クライアントの社長から「相談して良かった」「おかげで融資が通ったよ」と言ってもらうのがいちばんのご褒美です。世の中の社長たちが資金繰りの苦労から解放され、本業に集中してもらえるように、これからも支援していくつもりです。

おわりに

先日、東京商工会議所からの依頼で経営者向けのオンラインセミナーを開きました。「銀行は決算書の何を見ているか」というテーマだったのですが、告知するとすぐに参加申し込みの反響があり、定員の30名に達しました。この手のセミナーで満員になることは多くないのですが、関心の高いテーマであることを改めて実感した次第です。

集まった受講者たちの業種はさまざまですが、みんな中小企業経営者や小規模事業者でした。最初にいちばん関心のある話題は何かと質問すると「事業性評価融資について」という答えが大半で、次に「銀行との付き合い方」などが挙がりました。

事業性評価融資はまだ新しいトピックで情報が少ないため、セミナーを聞きに来てくれたのです。また銀行との付き合い方に悩んでいる人も多いことを確認しました。

セミナーは2時間の予定で、講演中もＺｏｏｍのチャット機能で質問できるようにしていたのですが、鋭い質問がたくさん寄せられ、私も刺激になりました。また講演後の10分間の質疑応答の時間にも具体的かつ重要な質問が相次ぎました。結局10分では回答しきれず、一旦講演を閉めたあとに個別で相談を受けることになったのです。全員に回答し終わるのに1時間以上かかったでしょうか。みんな情報が欲しくて、しかし誰に聞いて良いのか分からないというジレンマを抱えていたのだと思います。

受講者たちの真剣な眼差しに触れ、私はもっとできることがあると確信しました。私の知識と経験を分けることで救える会社、社長がいっぱい存在するのです。

知識や経験は人に分けても減りません。むしろ分ければ分けるほど、みんなで賢く幸せになっていけます。それが形あるモノやお金とは違うところです。これからも惜しむことなくどんどん人に分け与え、中小企業・小規模事業者を元気にしていきたいと思います。

最後に、本書を執筆するにあたりご尽力いただいたすべての関係者に感謝を申し上げます。

2022年11月吉日　川居宗則

川居　宗則（かわい　むねのり）

中小企業診断士（経済産業大臣登録）、1級ファイナンシャル・プランニング技能士（厚生労働大臣登録）、1級販売士（日本商工会議所）、CTP認定事業再生士

1987年に慶應義塾大学経済学部を卒業後、三井銀行（現・三井住友銀行）に入行し32年勤務。主に融資業務に携わり、審査部において事業再生業務にも従事した。独立後は融資・補助金に強い専門家として資金調達支援を実施。ライフワークとして東日本大震災後の宮城県の気仙沼市商店街を継続支援している。主な著書として『TOKYO キラリと光る商店街』『専門家のための事業承継入門』がある。

本書についての
ご意見・ご感想はコチラ

元メガバンク支店長だから知っている
銀行融資の引き出し方

二〇二二年一一月 九日　第一刷発行
二〇二三年一二月二六日　第二刷発行

著　者　川居宗則
発行人　久保田貴幸
発行元　株式会社 幻冬舎メディアコンサルティング
〒一五一-〇〇五一　東京都渋谷区千駄ヶ谷四-九-七
電話　〇三-五四一一-六四四〇（編集）
発売元　株式会社 幻冬舎
〒一五一-〇〇五一　東京都渋谷区千駄ヶ谷四-九-七
電話　〇三-五四一一-六二二二（営業）

印刷・製本　中央精版印刷株式会社
装　丁　弓田和則

検印廃止

Printed in Japan　ISBN 978-4-344-94129-8 C0034
幻冬舎メディアコンサルティングHP　https://www.gentosha-mc.com/